CW01486652

Faluba / Morvay

GUIA DE CONVERSA
català-anglès

Adaptació catalana de Montserrat Milian

EDICIONS DE LA MAGRANA

Aquesta adaptació és feta a partir de la nostra edició *English-Catalan-Spanish*. English version: Darryl James Clark. Revision: John Matthews, lecturer at the Escola Universitària de Traductors i d'Intèrprets (EUTI)

Kálmán Faluba i Karoly Morvay són lectors de català i espanyol a la Universitat de Budapest

Aquesta edició ha estat possible gràcies a l'ajut del Departament de Cultura de la Generalitat de Catalunya

Primera edició: maig de 1993

Drets exclusius d'aquesta edició:
Edicions de la Magrana, S.A.
Apartat de Correus 9487 - 08080 Barcelona

Imprès per Nova-Gràfik, Puigcerdà, 127 - 08019 Barcelona
ISBN: 84-7410-661-3
Dipòsit legal: B. 17.428 - 1993

ÍNDEX TEMÀTIC

CARTA DE L'EDITOR

Benvolgut amic,

Potser està planejant de visitar algun país de parla anglesa o potser és a punt de rebre algun amic amb qui es podrà entendre tan sols en anglès. Sigui com sigui, desitjo ben sincerament que aquesta guia de conversa català-anglès li faci un bon servei. Aquesta ha estat, almenys, la nostra idea en editar-la. I acceptarem, agraïts, qualsevol suggeriment que ens vulgueu oferir al respecte.

Edicions de la Magrana
Apartat de Correus 9487
08080 Barcelona

0.2 INSTRUCCIONS PER A L'ÚS D'AQUESTA GUIA DE CONVERSA

Aquesta guia consta de quatre cossos principals. El primer —que segueix el prefaci i aquestes instruccions— presenta les característiques fonètiques de l'anglès. El segon —el més extens de tots— s'inicia amb unes notes gramaticals de base i desenvolupa diverses unitats temàtiques. El tercer cos és un vocabulari alfabètic català-anglès i el quart un índex temàtic alfabètic de les diverses seccions i temes de què es compon aquesta guia.

Les frases i els mots apareixen, generalment, en dues columnes, en català —en negreta— i en anglès.

La secció de gramàtica no pretén esdevenir un tractat teòric sobre els sistemes d'ambdues llengües, sinó una il·lustració d'algunes de les seves característiques, com ara els articles, els possessius, els demostratius, els pronoms, els verbs, etc.

Sota el títol "Paraules i frases freqüents" hi hem agrupat, talment un calaix de sastre, tota mena de materials necessaris per a qualsevol acte comunicatiu, independentment del tema que aquest tracti. Així, aquest apartat conté expressions útils per a la vida social i per entaular una primera conversa.

El cos principal d'aquesta guia es compon de frases ordenades temàticament. Amb l'ajut de la llista de vocabulari, aquestes frases es poden ampliar i modificar. Amb freqüència, hi incloem variants d'una mateixa expressió, amb elements intercanviables, separats per una barra (/).

Finalment, només remarcar que l'anglès no usa cap forma de pronom personal equival.lent al "vostè, -s" català, el qual s'ha de traduir, per tant, per "you", forma corresponent a la segona persona singular, i que els adjectius qualificatius anglesos són absolutament invariables; així, per exemple, "blue" es traduirà per "blau, blava, blaus, blaves" depenent del nom al qual es refereixi.

0.3 PRONÚNCIA

LA PRONÚNCIA DE L'ANGLÈS

L'ortografia de l'anglès s'ajusta a criteris històrics i etimològics i en molts punts no ofereix massa indicacions de com s'ha de pronunciar cada paraula.

Al tractar d'explicar en aquestes notes els sons de l'anglès mitjançant els sons del català en un espai tan reduït, ens adonem que realitzem una tasca que no deixa de ser merament aproximativa, perquè aquestes comparacions persegueixen una finalitat pràctica i no disposen del rigor científic que exigeixen els fonetistes especialitzats.

Per acabar amb aquesta breu introducció, indicar tan sols que l'anglès dels EUA, a diferència de l'anglès britànic, es parla amb un ritme més lent i amb un to més monòton, degut, en part, a l'allargament que aquest fa de les vocals.

Les vocals.

vocal	símbol fonètic	explicació
a	[a]	So breu, bastant obert, semblant a la [a] catalana que trobem a la paraula "mar"; ex. "b<u>a</u>t"(rat penat).
	[a:]	So similar a l'anterior però més allargat; ex. "<u>a</u>pple" (poma).
	[ae]	So semblant a la vocal neutra catalana; ex. "fath<u>e</u>r" (pare).
-	[ae:]	Forma llarga de l'anterior, en síl·laba accentuada, semblant al so de la paraula francesa "fl<u>eu</u>r"(flor).
e	[e]	So breu, situat a mig camí entre una [é] tancada i una [è] oberta; ex. "l<u>e</u>ss" (menys).

i	[i]	So breu, semblant a la [i] catalana; ex. "t<u>i</u>p" (propina).
	[i:]	So més allargat que l'anterior; ex. "c<u>ei</u>ling" (sostre).
o	[o]	So breu, bastant obert; ex. "w<u>a</u>sh" (rentar.
	[o:]	So llarg, bastant tancat; ex. "b<u>a</u>ll" (pilota).
u	[u]	So molt breu, més tancat que la [u] catalana; ex. "f<u>u</u>ll" (ple).
	[u:]	So llarg; semblan a la [u] catalana; ex. "r<u>oo</u>t" (arrel)
^	[^]	So obert, breu i una mica fosc, que no té cap correspondència en català; es pronuncia a la part anterior de la boca sense arrodonir els llavis; ex. "c<u>o</u>me" (venir).

Diftongs.

	símbol fonètic	explicació
	[ay]	So semblant al de [ay] a "xai"; ex. "l<u>ie</u>" (mentir).
	[aw]	So semblant al de [aw] a "pausa"; ex. "s<u>ou</u>th" (sud).
	[éy]	So semblant al de [éy] a "rei"; ex. "s<u>ay</u>" (dir).
	[ou]	So com una [o] llarga sense arrodonir llavis ni aixecar la llengua; sona com si seguís una [u] dèbil; ex. "als<u>o</u>".

[ea]	So que només es troba davant de [r]; la primera vocal sona semblant a [e] i la segona es tracta d'una forma dèbil de la vocal àtona; ex. "f<u>air</u>" (just).
[iae]	El primer element d'aquest so és una [i] mig oberta i el segon una forma dèbil de la vocal neutra; ex. "h<u>ere</u>" (aquí).
[òi]	El primer element d'aquest so és una [ò] oberta i el segon una [i] dèbil; ex. "t<u>oy</u>" (joguina).
[uae]	So el primer element del qual és una [u] no massa llarga seguit d'una forma dèbil de la vocal neutra; ex. "p<u>ure</u>" (pur).

Consonants

símbol fonètic	explicació
[b]	Com la [b] de "tombar" ; ex. "<u>b</u>ed" (llit).
[d]	Com la [d] de "dau"; ex. "<u>d</u>omestic" (domestic).
[f]	Com la [f] catalana; ex. "<u>f</u>ace" (cara).
[g]	Com la [g] de "gola"; ex. "<u>g</u>o" (anar).
[h]	Es tracta d'una forta aspiració, semblant a la jota castellana però no tan aspra; ex. "<u>h</u>oly" (sagrat).
[y]	Com la [y] de "no<u>i</u>a"; ex. "<u>y</u>ou" (tu).

[k]	Com la [c] de "_c_ama"; ex. "_k_iss" (petó).
[l]	Com la [l] de "pa_l_a"; ex. "p_l_ace" (lloc).
[m]	Com la [m] de "_m_enjar"; ex. "_m_u_m_" (mama).
[n]	Com la [n] de "_n_oi"; ex. "_n_ut" (nou).
[ng]	Es tracta d'una [n] com la de "ba_nc_"; ex. "ba_nk_" (banc).
[p]	Com la [p] de "_p_al"; ex. "sou_p_" (sopa).
[r]	Es tracta d'un so molt dèbil, gairebé semivocal, menys vibrant que la [r] catalana. S'articula elevant la punt de la llengua cap al paladar dur; només es pronuncia davant de vocal, a la resta de posicions és muda. En algun dialecte anglès i a l'anglès dels EUA es pronuncia sempre.
[s]	Es tracta d'un [s] sorda; ex. "_s_it" (seure).
[t]	Com la [t] de "_t_aula"; ex. "_t_ell" (dir).
[v]	Es tracta d'un so labiodental que es produeix unint el llavi inferior amb les dents superiors; ex. "ri_v_er" (riu).
[w]	Com la [u] de "Parag_u_ai"; ex. "_w_ine" (vi).
[z]	Com la [s] sonora de "ro_s_a"; ex. "_z_ero" (zero).

[sh]	Com "xocolata"; ex. "sure" (segur).
[th]	Com la [z] castellana; ex. "thin" (prim).
[dh]	Forma sonoritzada del so anterior; ex. "this" (aquest, aquesta).
[x]	So que pertany a l'anglès d'Escòcia; és com la jota castellana; ex. "loch" (llac).

1. **GRAMÀTICA**. GRAMMAR.

1.1 **Preposicions**. Prepositions.

A Barcelona (direcció)
To Barcelona

A Barcelona
In Barcelona

De Barcelona
From Barcelona

A casa d'en Pere (direcció)
To Peter's house

A casa d'en Pere
At / in Peter's house

De casa d'en Pere
From Peter's house

Al costat de la catedral; vora la catedral
Next to / beside the cathedral; near the cathedral

Abans de les festes
Before the holidays

Després d'arribar
After arriving

Amb arròs
With rice

Sense gas
Still (of water)

Davant l'edifici
In front of the building

Darrere la torre
Behind the tower

Durant el viatge
During the trip

Entre el centre i l'hotel
Between the center and the hotel

Per a la Maria
For Mary

Acceptat per tothom
Accepted by everyone

Sobre la taula; damunt la taula
On / upon the table; on / over the table

Sota el llit
Under the bed

Al voltant de
Around; about

Des de
Since; from

Cap a
Towards

Fins a
Until; up to

Segons
According to

1.2 **L'article definit.** The definite article.

El mes
The month

Els mesos
The months

L'any
The year

Els anys
The years

La setmana
The week

Les setmanes
The weeks

L'estació
The season

Les estacions
The seasons

1.3 **Interrogatius.** Interrogatives.

Quants anys té?
How old is he / she / it? How old are you?

Com està?
How is he / she / it? How are you?

On és?
Where is he / she / it? Where are you?

D'on ve?
Where's he / she / coming from? Where are you coming from?

A on va?
Where's he / she going? Where are you going?

Qui ho ha vist?
Who has seen it?

A qui l'ha donat?
Who has he / she given it to? Who have you given it to?

A qui vol visitar?
Who does he / she want to visit? Who do you want to visit?

De qui l'ha rebut?
Who did he / she / you receive it from?

Amb qui viatja?
Who is he / she travelling with? Who are you travelling with?

Fins on va aquest tren?
How far does this train go?

Fins quan es queda a Espanya?
How long is he / she staying in Spain? How long are you staying in Spain?

Quin desitja?
Which (one) would he / she / you like?

Amb quin dels dos ha parlat?
Which of the two did he / she / you speak to?

Quanta gasolina vol?
How much gasoline / petrol do you want?

Quant costa? Quant val?
How much is it?

Què és això?
What is this / that?

Per què se'n va?
Why is he / she leaving?; Why are you leaving?

Quan podem veure'ns?
When can we see each other?

Com és? De quina mena és?
What is he / she / it like?

De quin color és?
What colour is it?

Com és la seva habitació?
What's his / her / your room like?

Quina mena d'habitació desitja?
What type of room would he / she / you like?

Per què vol la roba?
What does he / she want the cloth for? What do you want the cloth for?

Què desitja?
What would you / he / she like?

Amb què desitja la carn?
What would you like with your meat?

1.4 **Els pronoms personals.** The personal pronouns.

Qui?
Who? / Whom?

Qui és?
Who is it?

Jo. Sóc jo.
Me. It's me.

Tu. Ets tu.
You. It's you.

Ell. És ell.
Him. It's him.

Ella. És ella.
Her. It's her.

Vostè. És vostè.
You. It's you.

Nosaltres. Som nosaltres.
Us. It's us.

Vosaltres. Sou vosaltres.
You. It's you.

Ells/Elles. Són ells. Són elles.
Them. It's them.

Vostès. Són vostès.
You. It's you.

Aquest senyor.
This man / gentleman.

Aquella senyora.
That woman / lady.

Aquests senyors.
These men / gentlemen.

A qui caldria dirigir-se?
Who should I speak to?

A mi.
To me.

A tu.
To you.

A ell / ella.
To him / her.

A vostè.
To you.

A nosaltres.
To us.

A vosaltres.
To you.

A ells / elles.
To them.

A vostès.
To you.

A aquesta senyora.
To this woman.

A aquell senyor.
To that man.

A aquestes senyores.
To these women.

Amb qui desitja parlar?
With whom do you / does he / she wish to speak?

Amb mi.
With me.

Amb tu.
With you.

Amb ell / ella.
With him / her.

A qui criden?
Who are they calling?

A mi. Em criden a mi.
Me. They are calling me.

A tu. Et criden a tu.
You. They are calling you.

A ell. El criden a ell.
Him. They are calling him.

A ella. La criden a ella.
Her. They are calling her.

A vostè. El / la criden a vostè.
You. They are calling you.

A nosaltres. Ens criden a nosaltres.
Us. They are calling us.

A vosaltres. Us criden a vosaltres.
You. They are calling you.

A ells. Els criden a ells.
Them. They are calling them.

A elles. Les criden a elles.
Them. They are calling them.

A vostès. Els / les criden a vostès.
You. They are calling you.

1.5 **Els possessius.** The possessives.

De qui és?
Whose is it?

De qui és aquest llibre?
Whose book is this?

És meu. És el meu llibre.
It's mine. It's my book.

És teu. És el teu llibre.
It's yours. It's your book.

És seu. És el seu llibre. (sing.)
It's yours / his / hers. It's your / his /her book.

És d'ell / d'ella. És el llibre d'ell / d'ella.
It's his / hers. It's his / her book.

És de vostè. És el llibre de vostè.
It's yours. It's your book.

És del senyor Smith. És el llibre del senyor Smith.
It's Mr. Smith's. It's Mr. Smith's book.

És nostre. És el nostre llibre.
It's ours. It's our book.

És vostre. És el vostre llibre.
It's yours. It's your book.

És seu. És el seu llibre. (pl.)
It's theirs / yours. It's their / your book.

És d'ells / d'elles. És el llibre d'ells / d'elles.
It's theirs. It's their book.

És de vostès / vostre. És el llibre de vostès / el vostre llibre.
It's yours. It's your book.

De qui és aquesta carta?
Whose letter is this?

És meva. És la meva carta.   **És teva. És la teva carta.**
It's mine. It's my letter.   It's yours. It's your letter.

És seva. És la seva carta.
It's his / hers / yours. It's his / her / your letter.

El meu germà és alt.   **La teva germana és simpàtica.**
My brother is tall.   Your sister is nice.

La nostra família és molt gran.
Our family is very large.

Els nostres pares i els vostres no es coneixen.
Our parents and yours don't know each other.

1.6 **Els demostratius.** The demonstratives.

Quin? Què?
Which? What?

Aquest / aqueix tren.
This / that train.

Aquesta / aqueixa plaça.
This / that square.

Aquests / aqueixos bitllets
These / those tickets / bills / notes.

Aquestes / aqueixes cases.
These / those houses.

Aquell vaixell.
That boat / ship.

Aquella caravana.
That trailer / caravan.

Aquells edificis.
Those buildings.

Aquelles muntanyes.
Those mountains.

Què és això / allò?
What is this / that?

Això és una guia de conversa.
This / that is a conversation guide.

Això no m'agrada.
I don't like this / that.

1.7 **Descripció de persones. Comparació.**
   Description of persons. Comparison.

En Pau fa un metre vuitanta.
Paul is one metre, eighty centimetres tall.

La Marta fa un metre seixanta.
Martha is one metre, sixty centimetres tall.

En Pau és molt més alt que la Marta.
Paul is much taller than Martha.

La Marta és més baixa que en Pau.   **En Pau és molt alt.**
Martha is shorter than Paul.   Paul is very tall.

En Carles és tan alt com en Josep.
Charles is as tall as Joseph.

En Carles pesa vuitanta quilos, en Josep seixanta-cinc.
Charles weighs eighty kilos, Joseph sixty-five.

En Josep és més prim que en Carles.
Joseph is thinner than Charles.

En Josep és molt prim.   **En Josep és primíssim.**
Joseph is very thin.   Joseph is very, very thin.

En Josep és massa prim.   **En Josep no és gens gras.**
Joseph is too thin.   Joseph is not at all fat.

1.8 **Conjugació. Verbs regulars.**
     Conjugation. Regular verbs.

PARLAR   **Parlo**   **Parles**
To speak   I speak   You speak

Parla   **Parlem**
He / she / speaks; you speak   We speak

26

Parleu	**Parlen**
You speak	They speak; you speak

TÉMER	**Temo**	**Tems**
To fear	I fear	You fear

Tem	**Temem**
He / she fears; you fear	We fear

Temeu	**Temen**
You fear	They fear; you fear

UNIR	**Uneixo**	**Uneixes**
To join / unite	I join	You join

Uneix	**Unim**
He / she joins; you join	We join

Uniu	**Uneixen**
You join	They join; you join

1.9 Conjugació. Verbs irregulars.
Conjugation. Irregular verbs.

El verb d'existència ÉSSER/ SER
(Amb propietats permanents o amb substantius)
The verb of existence to be
(with permanent properties or with nouns)

Sóc alt, -a. Sóc dentista.
I am tall. I'm a dentist.

Ets alt, -a. Ets dentista.
You are tall. You are a dentist.

És alt, -a. És dentista.
He / she is tall. He / she is a dentist; you are tall;
you are a dentist.

Som alts / altes. Som dentistes.
We are tall. We are dentists.

Sou alts / altes. Sou dentistes.
You are tall. You are dentists.

Són alts / altes. Són dentistes.
They / you are tall. They / you are dentists.

El verb d'existència ESTAR
(Amb propietats adquirides o transitòries)
The verb of existence to be
(with acquired or temporary properties)

Estic cansat, -ada.　　　　　**Estàs cansat, -ada.**
I'm tired.　　　　　　　　　　　You're tired.

Està cansat, -ada.
He / she is tired; you're tired.

Estem cansats / cansades.　　　**Esteu cansats / cansades.**
We're tired.　　　　　　　　　　You're tired.

Estan cansats / cansades.
They're tired; you're tired.

El verb de possesió tenir
The verb of possession to have

Tinc
I have

Tens
You have

Té
He / she / it has; you have

Tenim
We have

Teniu
You have

Tenen
They have; you have

1.10 **Quantitatius.**
Quantitatives.

Pot passar aquí tant de temps com vulgui.
You can stay here as long as you like.

Aquesta botiga està oberta tot el dia.
This shop is open all day long.

Voldria comprar uns regals.
I'd like to buy some gifts.

He comprat prou regals.
I've bought enough gifts.

Tinc pocs diners.
I've got little money / I haven't got very much money.

Avui fa menys / més sol que ahir.
Today is less sunny / sunnier than yesterday.

Volem anar a la platja tots els dies.
We want to go to the beach every day.

Cada habitació té nevera.
Each / every room has a refrigerator.

Volem passar aquí un parell de dies.
We want to stay here a couple of days.

Ho entenc tot.　　　　　　**No entenc res.**
I understand everything.　　　I don't understand anything.

Tinc moltes / moltíssimes preguntes.
I've got many / very many questions.

1.11 **Numerals cardinals.**
　　　Cardinal numbers.

0 Zero　　　　**1 Un, -a**　　　　**2 Dos, dues**
Zero　　　　　　One　　　　　　Two

3 Tres　　　　**4 Quatre**　　　**5 Cinc**
Three　　　　　Four　　　　　　Five

| 6 **Sis** | 7 **Set** | 8 **Vuit** |
| Six | Seven | Eight |

| 9 **Nou** | 10 **Deu** | 11 **Onze** |
| Nine | Ten | Eleven |

| 12 **Dotze** | 13 **Tretze** | 14 **Catorze** |
| Twelve | Thirteen | Fourteen |

| 15 **Quinze** | 16 **Setze** | 17 **Disset** |
| Fifteen | Sixteen | Seventeen |

| 18 **Divuit** | 19 **Dinou** | 20 **Vint** |
| Eighteen | Nineteen | Twenty |

| 21 **Vint-i-u(n), -una** | 22 **Vint-i-dos, -dues** | 21 **Vint-i-tres** |
| Twenty-one | Twenty-two | Twenty-three |

| 24 **Vint-i-quatre** | 31 **Trenta-u(n), -una** | |
| Twenty-four | Thirty-one | |

| 32 **Trenta-dos, -dues** | 33 **Trenta-tres** | 40 **Quaranta** |
| Thirty-two | Thirty-three | Forty |

| 44 **Quaranta-quatre** | 50 **Cinquanta** | 60 **Seixanta** |
| Forty-four | Fifty | Sixty |

| 70 **Setanta** | 80 **Vuitanta** | 90 **Noranta** |
| Seventy | Eighty | Ninety |

92 Noranta-dos, -dues
Ninety-two

100 Cent
One hundred

101 Cent u(n), -a
One hundred and one

105 Cent cinc
One hundred and five

200 Dos-cents, dues-centes
Two hundred

234 Dos-centes trenta-quatre
Two hundred and thirty-four

300 Tres-cents, -centes
Three hundred

345 Tres-cents quaranta-cinc
Three hundred and forty-five

400 Quatre-cents, -centes
Four hundred

500 Cinc-cents, -centes
Five hundred

600 Sis-cents, -centes
Six hundred

700 Set-cents, -centes
Seven hundred

800 Vuit-cents, -centes
Eight hundred

900 Nou-cents, -centes
Nine hundred

1000 Mil
One thousand

1001 Mil u(n), -a
One thousand and five

1241 Mil dos-cents quaranta-u(n)
One thousand two hundred and forty-one

1992 Mil nou-cents noranta-dos
One thousand nine hundred and ninety-two

3000 Tres mil
Three thousand

4624 Quatre mil sis-centes vint-i-quatre
Four thousand six hundred and twenty-four

Un milió
One million

Mil milions
One billion; one milliard

1.12 **Numerals ordinals.**
Ordinal numbers.

Primer, -a First	**Segon, -a** Second
Tercer, -a Third	**Quart, -a** Fourth
Cinquè, -ena Fifth	**Sisè, -ena** Sixth
Setè, -ena Seventh	**Vuitè, -ena** Eighth
Novè, -ena Ninth	**Desè, -ena** Tenth

1.13 **Nombres trencats / fraccionaris.**
Fractional numbers.

Mig, mitja; meitat
(One) half

Un terç
One / a third

Un quart
One / a fourth

Un cinquè
One / a fifth

Un sisè
One / a sixth

Un desè
One / a tenth

Un desè
One / a tenth

Un centèssim
One / a hundredth

Dos terços
Two thirds

Tres quarts
Three fourths

Quatre cinquens
Four fifths

1.14 **Quina hora és? Perdoni, pot dir-me l'hora?**
What time is it? Excuse me, could you tell me the time?

És la una.
It's one (o'clock).

Són les dues (aproximadament).
It's two (o'clock) (approximately).

Són les tres / vuit / onze (en punt).
It's three / eight / eleven (o'clock) sharp.

Són les nou tocades.
It's after nine.

És un quart d'una.
It's a quarter past twelve.

És un quart de dues.
It's a quarter past one.

És un quart de quatre / cinc / sis.
It's a quarter past three / four/ five.

Són dos quarts d'una.
It's half past twelve.

Són dos quarts de dues.
It's half past one.

Són dos quarts de sis / vuit / onze.
It's half past six / eight / eleven.

Són tres quarts d'una.
It's a quarter to one.

Són tres quarts de dues.
It's a quarter to two.

Són tres quarts de vuit / deu / dotze.
It's a quarter to eight / ten / twelve.

És la una i deu (minuts).
It's ten (minutes) past one.

Són dos quarts i cinc (minuts) de set.
It's twenty-five (minutes) to seven.

Són les vuit menys deu (minuts); són tres quarts i cinc de vuit.
It's ten (minutes) to eight.

Són dos quarts menys cinc (minuts) de set.
It's twenty-five (minutes) past six.

Són tres quarts menys cinc de vuit.
It's twenty-five (minutes) past six.

És migdia.
It's noon / midday.

És mitjanit.
It's midnight.

1.15 **A quina hora?**
(At) What time?

A la una.
At one (o'clock).

A les dues.
At two (o'clock).

A les tres / vuit / onze (en punt).
At three / eight / eleven (sharp).

A les deu del matí.
At ten (o'clock) in the morning.

A dos quarts de quatre de la tarda.
At half past three in the afternoon.

A un quart d'onze del vespre.
At a quarter past ten at night.

A (dos) quarts de tres de la matinada.
At half past two in the morning.

A tres quarts menys cinc de sis.
At twenty to six.

Al migdia.   **A mitjanit.**
At noon / midday.   At midnight.

Després de les vuit. A les vuit tocades.
After eight.

Cap a les onze.   **Abans de les set.**
Around eleven (o'clock).   Before seven (o'clock).

D'aquí a cinc minuts.
In five minutes.

1.16 **La data.**
   The date.

L'Estadi Olímpic de Barcelona va ser inaugurat el 8 (vuit) de setembre de 1989 (mil nou-cents vuitanta-nou).
The Olympic Stadium in Barcelona was inaugurated on
September 8th (eighth), 1989 (nineteen eighty-nine).

A quin dia som avui?   **És el 19 (dinou) de gener.**
What's today's date?   Today is January 19th (nineteenth).

Quan ha arribat vostè?
When did you arrive?

El primer de desembre. L'u de desembre.
On December first.

El dos de novembre.
On November second.

Entre el set i el deu del mes passat vaig ser a Madrid.
Between the seventh and the tenth of last month I was in Madrid.

A partir del vint-i-cinc del mes que ve.
From the twenty-fifth of next month on.

Al començament del mes.   **A mitjan agost.**
At the beginning of the month.   In the middle of August.

A finals de juliol.   **El mil nou-cents noranta-dos.**
At the end of July.   In nineteen ninety-two.

1.17 **Els dies de la setmana.**
The days of the week.

Dilluns
Monday

Dimarts
Tuesday

Dimecres
Wednesday

Dijous
Thursday

Divendres
Friday

Dissabte
Saturday

Diumenge
Sunday

1.18 **Els mesos de l'any.**
The months of the year.

Gener
January

Febrer
February

Març
March

Abril
April

Maig
May

Juny
June

Juliol
July

Agost
August

Setembre
September

Octubre
October

Novembre
November

Desembre
December

1.19 **Festes.** Holidays.

1 de gener, Cap d'Any
January 1st, New Year's Day

6 de gener, Reis
January 6th, Epiphany

19 de març, Sant Josep
March 19th, St. Joseph

Divendres Sant
Good Friday

Dilluns de Pasqua
Easter Monday

23 d'abril, Sant Jordi
April 23rd, St. George

1 de maig, la Festa del Treball
May 1st, Day of the Worker

15 de maig, Sant Isidre Llaurador
May 15th, St. Isidore

Dilluns de Pentecosta
Whitsunday

24 de juny, Sant Joan
June 24th, St. John

25 de juliol, Sant Jaume
July 25th, St. James

15 d'agost, Assumpció de la Verge Maria
August 15th, Assumption of the Virgin Mary

11 de setembre, Diada de Catalunya
September 11th, National Day of Catalonia

12 d'octubre, Dia de la Hispanitat / el Pilar
October 12th, Columbus Day

1 de novembre, Tots Sants
November 1st, All Saints' Day

6 de desembre, Dia de la Constitució
December 6th, Constitution Day

8 de desembre, Immaculada Concepció
December 8th, Immaculate Conception

25 de desembre, Nadal
December 25th, Christmas

26 de desembre, Sant Esteve
December 26th, Boxing Day

2. PARAULES I FRASES FREQÜENTS.
COMMON WORDS AND PHRASES.

2.1 Avisos. Notices.

Aparcament	car park; parking lot
Ascensor	lift; elevator
Atenció!	attention!; beware!
Caixa	bank; cashier's desk
Compte!	be careful!; look out!
Consigna	checkroom; left luggage
Dones; senyores	women; ladies
Empenyeu	push
Entrada	entrance
Entrada lliure	no obligation to buy
Entreu	enter!; entrance
Entreu per l'altra porta	please use the other door
Es lloga	for rent

Escales mecàniques	scalator
Estireu	pull
Fora de servei	out of service; out of
Fumadors, -ores	smokers
Gratis	free
Homes; senyors	men; gentlemen
Horari	timetable; schedule
Informació	information
Lavabos	toilet(s); lavatory; washroom
Lliure	free; vacant; unoccupied
Lloguer	rent; rental; hiring
No fumadors, -ores	no smokers
No fumeu	no smoking
No funciona	out of order
No s'admeten gossos	dogs are not admitted
Obert	open
Perill	danger
Privat	private
Prohibit	prohibited; forbidden
Prohibit el pas	no trespassing; no thoroughfare
Reservat	reserved

Silenci	silence; keep quiet
Sortida	exit
Sortida d'emergècia	emergency exit
Tancat	closed
Taquilla	ticket office; box office
Toqueu el timbre	ring the bell
Ull viu!	careful!

2.2 **Fórmules de salutació.**
 Greetings.

En trobar-se. Upon meeting.

Hola!   **Bon dia!**
Hello!   Good morning!

Bona tarda!   **Bona nit!**
Good afternoon / evening!   Good night!

Benvingut!, Benvinguda!
Welcome!

Benvinguts!, Benvingudes!, Déu vos guard!
Welcome!

En separar-se. Leave taking.

A reveure!
So long! See you later!

Fins aviat!
See you later / soon!

Fins demà!
See you tomorrow!

Fins divendres!
See you on Friday!

Adéu!
Goodbye! farewell!

Adéu-siau!
Goodbye! farewell!

Passi-ho bé!
Have a good time! Have fun!

Passin-ho bé!
Have a good time! Have fun!

Bona nit!
Good night!

Records al seu marit.
Give my regards to your husband.

2.3 **Tractaments.** Forms of address.

Senyor!
Sir! Mister!

Senyora!
Mrs.! Madam! Lady!

Jove!
Young man / lady!

Senyoreta!
Miss!

Senyors!
Gentlemen!

Senyores!
Ladies!

Senyores i senyors!
Ladies and gentlemen!

Amic!
Friend! Pal!

Senyor Sala!
Mr. Sala!

Senyora Sala!
Mrs. Sala!

2.4. Entaulant una conversa.
Beginning conversation.

Puc acompanyar-lo / acompanyar-la?
May I accompany you?

Perdoni la molèstia.
Excuse me for bothering you.

Perdoni, vostè és d'aquí?
Excuse me, are you from here?

Com va això?
How are you?; How is everything?

Sisplau! Si us plau!
Please!; If you please!

Oi que ja ens coneixem?
We know each other already, don't we?

Em permet?
May I?; Do you mind?

Què ha passat?
What happened?

Què hi ha de nou?
What's new?

Puc dir-li una cosa?
May I tell you something?

Li agrada el programa?
Do you like the program / show?

Sap vostè que...
Did you know that...

2.5 Presentació. Introduction.

Com es diu vostè?
What's your name?

Em dic ...
My name is ...

La meva dona es diu Anna.
My wife's name is Ann.

Aquest noi és el nostre fill.
This / that boy is my son.

El seu nom és Pere.
His name is Peter.

Sóc americà.
I'm American.

Som americans.
We are American.

No parlo bé el francès, però parlo l'anglès.
I don't speak French well, but I do speak English.

Coneix la meva amiga?
Do you know my friend?

Vostès es coneixen?
Do you know each other?; Have you met?

Ens coneixem.
We know each other; We have met.

No ens coneixem.
We don't know each other; We haven't met.

Només ens coneixem de vista.
We only know each other by sight.

Permeti'm que li presenti el meu amic.
Allow me to introduce my friend.

Permetin-me que els presenti la meva promesa.
Allow me to introduce my fiancée.

Encantat, -ada.
Pleased to meet you.

Molt de gust.
Pleased to meet you. How do you do?

El gust és meu.
The pleasure is mine.

Tingui, la meva targeta (de visita).
Here, this is my calling / visiting card.

2.6 **Com demanar, oferir alguna cosa? Fórmules de cortesia.**
   How to ask for, offer something. Being polite.

Sisplau! Si us plau! Per favor!
Please!

Voldria demanar-li alguna cosa.
I'd like to ask you (for) something.

Ajudi'm, faci el favor.
Please help me.

Vol ajudar-me?
Could / can you help me?

Em cal una informació.
I need some information.

Pot prestar-me un bolígraf?
Could you lend me a pen?

Pot dir-me el nom d'aquest carrer?
Could you tell me the name of this street?

En què puc ajudar-lo?
What can I do for you?

Puc acompanyar-lo.
I can accompany you.

Si li cal res, no deixi d'avisar-me.
If you need anything, just let me know.

Puc fumar?
May I smoke?

Em permet que segui?
May I sit down?

Vostè és molt amable.
You are very kind.

Amb molt de gust.
With great pleasure!

No pateixi!
Don't worry!

És ben lliure de fer-ho.
You are free to do so.

Estic a la seva disposició.
I am at your disposal.

Pot comptar amb mi.
You can count on me.

2.7 **Acceptació, rebuig.**
   Acceptance, refusal.

I tant!
Of course (so)!

És una bona idea!
It's a good idea!

Gràcies.
Thank you.

Gràcies, no.
No, thank you.

Em sento honrat / honrada.
I am honoured / It's an honour for me.

No es molesti.
Don't bother.

No.
No.

No en vull.
I don't want to.

No puc.
I can't.

No en tinc ganes.
I don't feel like it.

No tinc temps.
I don't have time.

Amb molt de gust.
Gladly. With pleasure.

D'acord!
All right! / Fine!

De cap manera!
By no means! / No way!

Ni pensar-hi!
Out of the question! / I wouldn't think of it!

Naturalment!
Naturally! / Of course!

2.8 **Agraïment.** Thanks, gratitude.

Gràcies. Mercès.
Thank you.

Gràcies per la seva ajuda.
Thanks for your help.

Moltes gràcies. Moltíssimes gràcies.
Thank you very much.

De res. No s'ho val.
You're welcome. Don't mention it.

Li agraeixo el seu consell.
I thank you for your advice.

Li estic molt agraït / agraïda.
I'm very grateful to you.

Li estic obligat / obligada.
Much obliged.

2.9 Grat, preferència.
Liking, preference.

Què li'n sembla?
What do you think?

Li agrada?
Do you like it?

Li agraden?
Do you like them?

M'agrada la cervesa.
I like beer / ale.

M'estimo més la cervesa que el vi.
I prefer beer to wine.

M'estimo més la carn.
I prefer meat.

Quin tria?
Which do you choose?

M'agraden tots dos.
I like both (of them).

Estic molt content / contenta.
I'm very happy.

M'agrada.
I like it / him / her.

T'agrada.
You like it / him / her.

Li agrada.
He / She / likes it / him / her. You like it / him /her.

Ens agrada.
We like it / him / her.

Us agrada.
You like it / him / her.

Els agrada.
They like it / him / her. You like it / him / her.

2.10 Excusa, llàstima.
Apology, sympathy.

Perdó.
Sorry. I beg your pardon.

Perdoni'm. Disculpi'm.
Pardon me. Excuse me.

Quina llàstima!
What a shame / pity!

Ho sento (molt). Em sap (molt de) greu.
I'm (very) sorry.

No hi fa res.
It doesn't matter.

No és culpa meva.
It's not my fault.

No s'ho prengui malament.
Don't take it badly.

Ho sento, però no puc fer-ho.
I'm sorry, but I can't do it.

Desgraciadament. Dissortadament.
Unfortunately.

2.11 Afirmació, acord.
Affirmation, agreement.

Sí.
Yes.

I tant!
Of course (so)!

És així.
That's right. That's how it is.

Exactament.
Exactly.

I tant! Ja ho crec que sí.
Of course! I should say so.

Efectivament.
Indeed. Exactly.

Indubtablement.
Indubitably. Certainly.

Naturalment.
Naturally. Of course.

És veritat.
It's true. That's right.

Té raó.
You're right.

Estic d'acord amb vostè.
I agree with you.

Molt bé.
All right. Very well. O.K.

És una bona idea.
It's a good idea.

Sigui con vostè vulgui.
However / As you like.

No hi ha cap inconvenient.
I have no objection. I don't mind.

D'acord.
All right. Fine.

Entesos! És clar.
Understood! It's clear.

2.1 **Negació, desacord.**
   Negation, disagreement.

No.
No.

De cap de les maneres.
By no means. No way.

Ni pensar-hi!
Out of the question! I wouldn't think of it!

Ni de bon tros.
Far from it.

I ara!
Nonsense! Rubbish!

Vostè s'equivoca.
You are mistaken / wrong.

Vostè no té raó.
You are wrong.

(És una) mentida!
That's a lie!

N'estic en contra.
I'm against it.

No hi estic d'acord.
I don't agree.

No ho sé.
I don't know.

No en tinc ni idea.
(I have) no idea.

Res.
Nothing.

Ningú.
No one. Nobody.

2.13 **Dubte, hipòtesi, probabilitat.**
Doubt, hypothesis, probability.

(Això) depèn.
It depends.

Segurament.
For sure. Probably.

Deuen ser estrangers.
They / You must be strangers.

Qui sap si.
Maybe. Perhaps.

Suposo.
I suppose (so).

És increïble.
It's / That's incredible.

Ho dubto.
I doubt it.

Qui ho sap!
Who knows!

És impossible. No pot ser.
It's impossible. It can't be.

No ho crec.
I don't think so.

Potser.
Maybe. Perhaps.

Probablement.
Probably.

És poc probable.
It's not likely / probable.

És possible. Pot ser.
It's possible. Maybe.

Ja ho veurem.
We'll see.

No m'ho digui!
You don't say!

És probable.
It's probable.

És improbable.
It's unlikely.

2.14 **Intenció, plans.**
Intention, plans.

Vull allotjar-me a Figueres.
I want to stay / lodge in Figueres.

Penso sortir dimarts.
I plan to leave on Tuesday.

Què pensa fer demà?
What are your plans for tomorrow?

Tinc la intenció de visitar Girona.
I intend to visit Girona.

Què vol fer?
What do you want to do?

M'agradaria anar a comprar.
I'd like to go shopping.

Si li sembla, podríem sopar plegats.
If you like, we could have dinner / supper together.

Vull.
I want.

Vols.
You want.

Vol.
He / She wants; You want.

Volem.
We want.

Voleu.
You want.

Volen.
They want.

2.15 **Obligació, necessitat.**
Obligation, necessity.

He de canviar diners.
I have to exchange money.

Ha d'esperar una mica.
You have to wait a while.

Han d'omplir aquesta fitxa.
You / they must fill out / in this card.

Hem de parlar.
We have to speak.

Hauria d'anar-me'n.
I should go.

No hauria de fumar tant.
I / He / She / You shouldn't smoke so much.

Cal anar amb compte.
One has to be careful.

No cal tenir por.
One doesn't have to be afraid.

Cal.
It's necessary.

No cal.
It's not necessary.

Em calen dos segells de deu lliures / dòlars.
I need two ten pounds/dollars stamps.

Ens cal benzina.
We need gasoline / petrol.

No ens cal res.
We don't need anything.

He / haig de
I have to

Has de
You have to

Ha de
He / she / it has to; you have to

Hem de
We have to

Heu de
You have to

Han de
They / you have to

2.16 **Sorpresa, exclamació.**
   Surprise, exclamation.

Què diu, ara?
You don't say!

És increïble!
That's / It's incredible!

Ai!
Ouch! Oh dear!

És impossible!
That's / It's impossible!

Quina sorpresa!
What a surprise!

Que bonic!
How lovely / pretty!

No m'ho digui!
Don't tell me!

Sembla mentida!
That's / It's unbelievable!

No m'ho puc creure!
I can't believe it!

Socors! Auxili!
Help!

Vol dir?
Are you sure?

Ostres!
Well!

Caram! Carai!
Well! How strange!

2.17 **Felicitacions, vots, compassió.**
   Congratulations, wishes, condolence.

Per molts anys!   **Bon any! Feliç any nou! Feliç cap d'any!**
Congratulations! Best wishes! Happy New Year!

Salut!
Cheers!

A la teva / seva salut!
To your health!

Enhorabona!
Congratulations!

Bon profit! Que aprofiti!
Enjoy your meal!

Que es diverteixi!
Have fun! Have a good time!

Que es diverteixin!
Have fun! Have a good time!

Bon viatge!
Have a good trip!

Bones festes!
Happy holidays!

Bon Nadal! Bones festes de Nadal!
Merry Christmas!

Que es posi bo aviat.
(I hope you) Get better soon.

El meu condol més sincer.
My deepest sympathy.

Quan serà l'enterrament?
When is the funeral?

Li / els desitjo molta sort.
I wish you much luck.

Moltes felicitats!
My very best wishes! Congratulations!

Igualment!
The same to you!

3. **DADES PERSONALS.**
   PERSONAL DETAILS.

Cognom(s)
Surname(s); Last name(s)

Nom
First name; Name

Nacionalitat
Nationality

País, lloc i data de naixement
Country, place and date of birth

Professió
Profession

Domicili
Address

Número de passaport
Passport number

3.1 Nom i cognom(s)
Name and surname(s) / Last name(s)

Com es diu?
What's his / her / your name?

Com es diu aquest senyor?
What's this man's name?

El seu cognom, sisplau.
Your surname / last name, please.

Com et dius?
What's your name?

Quin és el teu nom?
What's your name?

Em dic Peter.
My name is Peter.

Aquest és el seu / teu nom o el seu / teu cognom?
Is that his / her / your first or last name?

Aquest és el meu nom de pila.
That is my Christian name.

Com s'escriu / es pronuncia el teu nom?
How do you spell / pronounce your name?

Com es deia la teva mare?
What was your mother's name?

És un nom típicament americà / anglès / català/ castellà?
Is it a typical American / English / Catalan/ Spanish name?

3.2 Família
Family

El seu estat civil?
Your marital status?

Sóc casat / casada.
I'm married.

Si no és una indiscreció, vostè és casat / casada?
Without being indiscreet, are you married?

No, sóc solter / soltera encara.
No. I'm still single.

Ja tinc promès / promesa.
I have a fiancé / fiancée.

Sóc casat / casada des de fa un any.
I've been married for one year.

Em casaré l'any vinent.
I'm going to get married next year.

Em vaig casar l'any passat.
I got married last year.

M'he divorciat del meu marit.
I've gotten/got a divorce from my husband.

Sóc divorciat / divorciada.
I'm divorced.

Sóc vídua (viuda) / vidu (viudo).
I'm a widow / widower.

El meu marit / La meva dona ja no viu. (Ha mort.)
My husband / wife is no longer alive. (He / she is dead).

Va morir fa tres anys.
He / She died three years ago.

Té fills?
Do you have children?

Teniu fills?
Do you have children?

No, no en tinc / tenim.
No, I / we don't.

Sí, que en tenim.
Yes, we do.

Quants fills teniu?
How many children do you have?

El nostre primer fill ha nascut aquest any.
Our first child was born this year.

És un nen o una nena?
Is it a boy or a girl?

És una nena.
It's a girl.

Nosaltres tenim dos fills.
We have two sons.

Tinc dues filles.
I have two daughters.

També tinc néts.
I also have grandchildren. / I have grandchildren too.

Els seus pares / avis viuen encara?
Are your parents / grandparents still alive?

Sí, gràcies a Déu.
Yes, thank God.

El meu pare ja no és viu, però la meva mare, sí.
My father isn't alive, but my mother is.

Té germans?
Do you have brothers and sisters?

No en tinc.
No, I don't.

Tinc dos germans. Tinc dues germanes.
I have two brothers / sisters.

Tinc molts parents.
I have many relatives.

Som una família nombrosa.
We are a large family.

3.3 **L'edat.** Age.

Quants anys tens / té?
How old are you? How old is he / she / it / are you?

Tinc trenta anys.
I'm thirty (years old).

Té 40 anys d'edat.
He / She / It is 40 years old.

I quants anys té el teu germà?
And how old is your brother?

Encara no ha fet els 20 anys.
He hasn't turned 20 yet.

Quina edat té?
How old are you?

Acabo de complir els setanta.
I just turned seventy.

No pot ser! Sembla molt més jove.
That's impossible! You look much younger.

Quina edat té el seu nét / la seva néta?
How old is your grandson / granddaughter?

Avui ha complert vuit anys.
He / She turned eight today.

És un nen / una nena encara.
He / She is still a boy / girl.

El meu amic fa avui anys. (Avui celebra el seu aniversari del naixement.)
My friend's birthday is today. (Today is his birthday).

Els meus pares ja són grans. **Són vells.**
My parents are getting on in age. They are old.

3.4 Nivell d'instrucció.
Level of education.

Estudis. Educació.
Studies. Education.

elementals	**mitjans**
elementary	secondary
superiors	**universitaris**
higher	university

El meu nét va al parvulari.
My grandson goes to nursery school.

La meva filla ja treballa.
My daughter already works.

El meu fill encara està estudiant. **Va a la universitat.**
My son is still studying. He attends university / college.

En quin any / curs està?
What year is he in?

Està en el primer / segon / tercer any / curs.
He's a freshman / sophmore / junior.

El meu fill és més jove.
My son is younger.

Va a l'escola primària.
He's in primary school.

Va a l'institut.
He's in high school.

A quina classe va?
What grade is he in?

Està en la primera / segona classe.
He's in first / second grade.

Va a una escola professional.
He goes to a vocational training school.

La meva filla aquest any fa el batxillerat.
My daughter is in upper high school this year.

Estudia molt / bé.
She studies a lot / hard.

El meu fill voldria ser metge.
My son wants to be a doctor.

Voldria anar a la universitat.
He'd like to go to college / university.

Ha de fer l'examen de selectivitat.
He has to take the entrance examination.

La seva amiga es va matricular a la Facultat de Dret.
His / Her friend enrolled in the Law School.

El meu amic estudia filologia / llicenciatura espanyola.
My friend studies Spanish philology / has a bachelor's degree in Spanish.

Ara té exàmens.
He has exams now.

Va fer tots els exàmens amb èxit.
He successfully passed all his exams.

Li manquen encara uns exàmens.
He still has a few exams to take.

Ha de repetir un dels exàmens.
He has to resit one of his exams.

Acaba / Es gradua aquest any.
He finishes / graduates this year.

Està escrivint la tesina.
He's writing his master's thesis.

Escriu una tesi doctoral.
He's writing a doctoral thesis.

Encara no té feina.
He doesn't have a job yet.

És enginyer diplomat.
He's a qualified engineer.

3.5 **Professió. Treball.**
   Profession. Job.

On treballa vostè?
Where do you work?

Treballo en una fàbrica / botiga / escola.
I work at a factory / store / school.

Treballo a casa.
I work at home.

Sóc mestressa de casa.
I'm a housewife.

Ja no treballo. Sóc jubilat / jubilada / pensionat / pensionada.
I don't work. I'm retired / a pensioner.

Estic estudiant encara.
I'm still studying.

No tinc feina.
I don't have a job.

Sóc parat / parada. Estic en atur.
I'm unemployed.

Quina és la seva professió?
What's your profession?

A què es dedica?
What do you do?

Sóc professor, però em dedico al periodisme.
I'm a professor, but I work in journalism.

Som col.legues.
We are colleagues.

El meu marit treballa massa.
My husband works too much.

Treballa des dels divuit anys.
He's worked since he was eighteen.

Està content del seu treball?
Are you / Is he happy with your / his job?

Guanya molt?
Do you / Does he earn much?

Li paguen bé?
Do they pay him well?

Quin és el seu salari mitjà aquí?
What's the average wage here?

Quant guanya / cobra un professor d'institut?
How much does a high school teacher earn / make?

Quants dies de vacances té?
How many vacation days do you have?

Un mes.
One month.

Els dissabtes fem festa.
We are off on Saturday.

3.6 **Noms geogràfics.**
Geographic names.

Sóc estranger / estrangera.
I'm a foreigner.

Perdoni, vostè és d'aquí?
Excuse me, are you from here?

D'on és / són?
Where are you from?

Som de Nova York.
We are from New York.

Vostè, de quin país / quina ciutat és?
What country / city are you from?

Aquests joves no són d'Europa.
These young people aren't from Europe.

Sóc català / catalana.
I'm Catalan.

Quina és la capital d'Anglaterra?
What's the capital of England?

La capital d'Anglaterra és Londres.
The capital of England is London.

Com es diu la seva ciutat (natal)?
What's the name of your (native) city?

Quina és la teva nacionalitat? **Sóc francès.**
What nationality are you? I'm French.

De quina regió / comarca d'Espanya és vostè?
What region / area of Spain are you from?

Sóc natural de Mallorca. **On vius?**
I'm a native of Mallorca. Where do you live?

Ara visc a Barcelona. **Et / li dono la meva adreça.**
I live in Barcelona now. I'll give you my address.

4. LLENGÜES. CONEIXEMENT DE LLENGÜES.
LANGUAGES. KNOWLEDGE OF LANGUAGES.

Perdoni, sóc estranger i no parlo anglès.
Excuse me, I'm a foreigner and I don't speak English.

Parla anglès, francès o alemany?
Do you speak English, French or German?

Parlo bastant / prou bé l'italià. **Parlo una mica el francès.**
I speak Italian fairly well. I speak a little French.

I llegeix / escriu també en aquesta llengua?
And can you also read / write (in) this language?

L'anglès no és una llengua difícil.
English is not a difficult language.

La pronúncia catalana no és fàcil.
Catalan pronunciation is not easy.

Vostè em comprèn? M'entens?
Do you understand me?

El / La / Et comprenc.
I understand you.

No el / la et comprenc.
I don't understand you.

No l'entenc. Què diu?
I don't understand. What did you say?

Què dius? Què? Com?
What did you say? What?

Parli una mica més a poc a poc, sisplau.
Please speak a little more slowly.

Els catalans parlen molt ràpidament.
The Catalan speak very quickly / fast.

Repeteixi-ho, sisplau.
Please repeat it / that.

Podries repetir-ho?
Could you repeat it / that?

Què significa aquesta paraula / frase?
What does this word / sentence mean?

Què vol dir això?
What does this / that mean?

Com es diu aquesta fruita?
What's the name of this fruit?

Com es diu «Bon dia» en xinès?
How do you say «Good morning» in Chinese?

Com es diu això en castellà?
What's this called in Spanish?

Com es pronuncia aquesta paraula?
How is this word pronounced?

Ho dic bé?
Am I saying it right?

Tradueixi'm a l'anglès aquesta frase.
Translate this sentence into English for me.

Lletra a lletra / Lletregi-la, sisplau.
Spell it, please.

Escrigui-me-la.
Write it for me.

On va aprendre el català?
Where did you learn Catalan?

A la universitat. En un curs.
At university. On a course.

Des de quan estudia català?
How long have you been studying Catalan?

Ja porto més de tres anys estudiant-lo.
I've been studying it for more than three years.

5. **EL CLIMA.** THE CLIMATE.

Quin temps fa?
What's the weather like?

Fa bon temps. Fa bo.
The weather is good.

Fa mal temps.
The weather is bad.

Fa (molta) calor.
It's (very) hot.

Tinc calor.
I'm hot.

Fa (molt) fred.
It's (very) cold.

Tinc fred.
I'm cold.

Fa fresca.
It's cool.

Fa (molt) vent.
It's (very) windy.

Fa sol.
It's sunny.

Plou.
It's raining.

Hi ha molta humitat.
It's very humid.

Demà plourà / nevarà.
It's going to rain / snow tomorrow.

Fa xafogor.
The weather is heavy.

Amenaça tempesta.
It's threatening to rain.

Quants graus hi ha
What's the temperature?

Tenim quatre graus sobre / sota cero.
It's four degrees above/below zero.

Glaça.
It's icy.

Les temperatures pugen / baixen.
The temperature is rising / falling.

6. VIATGE. TRAVEL.

6.1 **A la frontera.** At the border.

Quan arribarem a la frontera?
When will we reach the border?

Som a la frontera espanyola.
We are at the Spanish border.

Ompli aquesta fitxa.
Fill out / in this card.

Control de passaports.
Passport control.

El seu passaport, sisplau.
Your passport, please.

Té visat?
Do you have a visa?

No ens cal visat.
We don't need a visa.

Puc telefonar a la meva ambaixada?
May I telephone my embassy?

Control de duana.
Customs.

Té res per declarar?
Do you have anything to declare?

No tinc res per a declarar.
I have nothing to declare.

Quin és el seu equipatge?
Which is your luggage / baggage?

Això és de vostè?
Is this yours?

Deixi'm veure la seva bossa de mà.
Let me see your purse / handbag.

Obri aquesta maleta / bossa.
Open this suitcase / bag.

Està bé. Ja pot tancar-la.
All right. You may close it now.

6.2 **Viatge amb automòbil. Demanant informació i orientació.**
Travelling by car. Asking for information and directions.

Vaig bé per anar a Lleida?
Am I going the right way to get to Lleida?

On porta aquesta carretera?
Where does this road lead / go to?

Com arribo a Girona?
How do I get to Girona?

On ens trobem?
Where are we?

On he de girar?
Where do I have to turn?

Pot indicar-m'ho en el mapa?
Can you point it out to me on the map?

On trobo un (auto) taller?
Where can I find a car repair shop / garage?

A quina distància és la pròxima gasolinera?
How far away is the nearest gas / petrol station?

És lluny la pròxima estació de servei?
Is the nearest service station far away?

On?
Where?

cap allí
that way

al sud
to the south

tot recte
straight ahead / on

endavant
(up) ahead

al nord
to the north

amunt
up (there)

endarrere
behind; back (there)

a dos quilòmetres d'aquí
two kilometers from here

aquí mateix
right here

a l'est
to the east

prop
near; close

avall
down

lluny
far

a l'oest
to the west

a l'altra banda
on the other side

Som aquí.
We are here.

Segueixi per aquesta carretera vint quilòmetres.
Continue on / down this road for twenty kilometers.

Tombi a la dreta / a l'esquerra.
Turn right / left.

A la primera bifurcació.
At the first fork / branch in the road.

A la primera / segona cantonada.
At the first / second corner.

Aquesta carretera porta a Tarragona.
This road goes to Tarragona.

El mar és a deu quilòmetres d'aquí.
The sea is ten kilometers from here.

Li ho indico en el mapa.
I'll show it to you on the map.

6.3 **A la gasolinera.**
   At the gas / petrol station.

Ple, sisplau.
Fill it up, please.

Vint litres de gasolina normal, sisplau.
Twenty liters of regular (3-star) gas / petrol, please.

Posi'm dues mil pessetes de súper.
Give me two thousand pesetas of super (4 star) petrol.

Vull trenta litres de gas-oil.
I want thirty liters of gas / diesel oil.

De quants octans és la súper / normal?
How many octanes is the super / regular.

Tenen gasolina sense plom?
Do you have unleaded gas / petrol?

Faria el favor de comprovar el nivell de l'oli?
Could you please check the oil level?

Em cal canviar l'oli.
I need an oil change.

Vol revisar els pneumàtics?
Could you check the tires / tyres?

Pot reparar-ho?
Can you repair it?

On puc trobar un taller de reparacions?
Where can I find a repair shop / garage?

Podria avisar el servei d'assistència?
Could you call the breakdown service?

6.4 **Reparació d'automòbils. Manteniment.**
　　Car repair. Maintenance.

Posi al punt	**l'encesa,**	**les rodes,**
Adjust / Tune up	the ignition,	the wheels,

l'enllumenament.
the lights.

Canvïi	**les bugies,**
Change	the spark plugs,

la roda esquerra del davant.　**La roda dreta del darrere està rebentada.**
the left front wheel.　The right rear wheel is flat.

Revisi
Check

la pressió dels pneumàtics,	**el nivell de l'oli.**
the pressure of the tires / tyres,	the oil level.

El meu cotxe està avariat.
My car has broken down.

La bateria està exhaurida.
The battery is dead.

Quant trigarà a reparar-lo?
How long will you take to repair it?

El motor
The engine

falla,
doesn't work properly,

pica,
pings / knocks,

es cala,
stalls,

no tira,
doesn't run,

no s'engega,
doesn't start,

sotragueja; fa sotragades,
jerks / shakes,

s'escalfa massa,
heats up too much,

fa massa soroll.
makes too much noise.

No funciona.
It doesn't work.

La segona (marxa) no entra.
I can't put it into second gear.

6.5 **Lloguer de cotxes.**
   Car rental.

Lloguen cotxes, vostès?
Do you rent cars?

Vull llogar un cotxe de quatre portes i quatre places per una setmana.
I want to rent a four-seat, four-door car for one week.

Quant és el lloguer per dia?   **Cal pagar també el quilometratge?**
How much is the rental per day?   Must I also pay for mileage?

A càrrec de qui va la gasolina?
Who takes care of the gas / petrol?

El preu inclou també l'assegurança?
Does the price also include insurance?

On puc recollir el cotxe?   **On he de tornar el cotxe?**
Where can I pick up the car?   Where do I leave off the car?

6.6 **Accident de circulació.**
    Road accident.

Hi ha hagut un accident.   **Hi ha ferits greus.**
There has been an accident.   There are seriously injured persons.

Només hi ha ferits lleus.
There are only slightly injured persons.

No hi ha danys personals, només hi ha danys materials.
There are no personal injuries, there are only material damages.

Avisi
Call

l'ambulància,
an ambulance,

la policia,
the police,

els bombers,
the fire brigade,

la grua.
a tow-truck / wrecker.

Cridi un metge.
Call a doctor.

No ha passat res (de greu).
It wasn't anything (serious).

Té assegurat el seu cotxe?
Is your car insured?

6.7-6.9 **Viatge amb tren.**
Travelling by train.

6.7 **A l'estació de ferrocarrils.**
At the railroad / railway station.

Com puc arribar a l'estació?
How do I get to the station?

On és / són
Where is / are

la cantina?
the buffet?

el restaurant?
the restaurant?

la informació?
the information desk?

la taquilla?
the ticket office?

l'andana tres?
platform three?

la via dos?
track two?

la consigna?
the checkroom? / the left-luggage office?

el tren per a València?
the train to Valencia?

la sala d'espera?
the waiting room?

el lavabo?
the toilet? / the restrooms?

Quan hi ha tren ràpid per a Lleida?
When is there an express (train) to Lleida?

Quan surt l'últim tren cap a Barcelona?
When does the last train leave for Barcelona?

Quan arriba el ràpid de Madrid?
When does the express arrive from Madrid?

Porta vagó-llit l'exprés de París?
Does the express from Paris have a sleeping car?

Quant val el bitllet de llitera?
How much is a bunk / berth ticket?

Cal pagar suplement per al tren de les vuit i deu?
Must I pay a supplement for the ten past eight train?

Té enllaç aquest tren per a Madrid?
Does this train connect with another one to Madrid?

On cal fer transbord?
Where do I transfer / change over?

Surt d'aquí el tren a València?
Does the train to Valencia depart from here?

A quina via arriba el ràpid de Girona?
Which track does the express from Girona arrive on?

Porta retard l'exprés de París?
Is the express from Paris delayed?

6.8 **Rètols. Informacions per altaveu.**
    Signs. Information over the loudspeaker.

Arribades.	**Sortides.**	**Accés vies.**
Arrivals.	Departures.	Access to tracks.

Pròxima circulació per via dos ràpid procedent de Madrid en direcció a Port Bou.
Express from Madrid going to Port Bou now arriving on track two.

Entrarà per via tres rodalies en direcció a Mataró.
Suburban / local train to Mataró now arriving on track three.

Aturat en via cinc exprés procedent de València.
Express from Valencia now stationed on track five.

Aviat sortirà.
It will be departing shortly.

És directe a Sitges.
It is non-stop / direct to Sitges.

No s'atura a Figueres.
It does not stop in Figueres.

6.9 **Comprant bitllets.**
Buying tickets.

Doni'm un bitllet per a Tarragona, sisplau.
Give me a ticket to Tarragona, please.

Bitllet
Ticket

Bitllet col.lectiu
Group ticket

Bitllet col·lectiu per a vuit persones
Group ticket for eight persons

Bitllet de primera (classe)
First class ticket

Mig bitllet
Half-price ticket

Bitllet d'infant
Child's (fare) ticket

Bitllet de vagó-llit
Sleeping car ticket

Reserva de seient
Seat reservation

Reducció
Reduction

Bitllet de tarifa reduïda
Reduced rate ticket

Bitllet de llitera
Bunk / berth ticket

Bitllet de segona (classe)
Second class ticket

Bitllet d'anar
One-way / single ticket

Bitllet d'anar i tornar
Round-trip / return ticket

Bitllet d'andana
Platform ticket

Suplement
Supplement

6.10 **Viatge amb avió.**
Travelling by plane.

On vol seure? Al costat de la finestreta, al costat del passadís o al centre?
Where would you like to sit? By the window, by the aisle or in the middle?

No passeu amb marcapàs.
Do not pass with pacemaker.

Vol TWA, número..., amb destinació a Nova York, porta d'embarcament quatre.
T.W.A. flight ... to New York, now boarding at gate number four.

No fumin, sisplau.
No smoking, please.

Mantinguin en posició vertical el respatller dels seients.
Place the back of your seats in an upright position.

Cordin-se els cinturons de seguretat.
Fasten your safety belts.

6.11 **Viatge amb vaixell.**
Travelling by ship.

Abans d'arribar a València, fem escala a Eivissa.
Before arriving in Valencia, we'll be stopping in Ibiza.

Em marejo. On puc aconseguir algun remei per al mareig?
I feel dizzy. Where can I get something for seasickness?

Hi ha metge de bord? On el puc trobar?
Is there a doctor on board? Where can I find him/her?

6.12 **A l'agència de viatges.**
At the travel agency.

Puc rebre un prospecte / fulletó sobre els seus serveis?
Could I get a brochure of the services you offer?

Venen bitllets
Do you sell

d'autocar	**d'avió**	**de tren?**
bus / coach	plane	train... tickets?

S'encarreguen de la reserva d'habitacions?
Do you take care of room reservations?

Organitzen excursions?
Do you organize trips?

Tenen servei de lloguer de cotxes?
Do you have a car rental service?

On puc inscriure'm per a una excursió a Escòcia?
Where can I sign up for a trip to Scotland?

Organitzen excursions a Gal.les?
Do you organize trips to Wales?

Quin és el preu del circuit d'Anglaterra?
What's the price of the tour of England?

En quines dates és vàlida la tarifa de temporada baixa?
Between what dates is the off-season rate valid?

Quan acaba la temporada alta?
When does the high season end?

D'on surt l'autocar?
Where does the bus / coach depart from?

Quan i on arriba l'autocar l'últim dia?
When and where does the bus / coach arrive the last day?

7. ALLOTJAMENT.
LODGING.

7.1 Buscant allotjament.
Looking for accommodation.

Hi ha prop d'aquí un hotel (de dues estrelles)?
Is there a (two-star) hotel near here?

Podria recomanar-me un bon hostal que no sigui molt car?
Could you recommend me a good hostal that's not too expensive?

Voldria llogar una habitació en una casa particular.
I'd like to rent a room in a private home.

Busco un hotel que tingui garatge.
I'm looking for a hotel with a garage.

Voldria allotjar-me prop de la platja.
I would like to stay near the beach.

Tingui la bondat d'indicar-me un hotel cèntric.
Could you point out a hotel near the (city) centre for me?

7.2-7.4 **L'hotel.** The hotel.

7.2 **Arribada.** Arrival.

Tinc aquí una habitació reservada. El meu nom és...
I have a room reserved / booked here. My name is ...

Tenen habitacions lliures?
Do you have vacant rooms?

Vull una habitació individual / doble
I need a double / single room

amb bany,
with bathroom,

sense bany,
without bathroom,

amb aigua freda i calenta,
with hot and cold water,

amb lavabo,
with a washbasin,

amb un llit supletori,
with an additional bed,

amb wàter,
with a toilet,

amb dutxa,
with a shower,

per a una nit,
for one night,

per a dos dies,
for two days,

per a una setmana,
for one week,

per a dues setmanes.
for two weeks.

Voldria vista al mar / a les muntanyes.
I'd like a view of the sea / the mountains.

Voldria pensió completa.
I'd like full board.

Voldria mitja pensió.
I'd like half board.

Desitjo l'habitació, només.
I want only the room.

Quin és el preu de l'habitació per a una nit?
What's the price of a room for one night?

Per persona?
Per person?

Inclòs l'esmorzar / el desdejuni?
Is breakfast included?

Quant cal pagar a compte?
How much must I pay on account?

Podria veure l'habitació?
May I see the room?

No m'agrada.
I don't like it.

Em convé.
All right. It's fine.

M'agrada.
I like it.

Faci pujar el meu equipatge.
Have my luggage sent up.

7.3 **Després d'ocupar l'habitació.**
After occupying the room.

A la meva habitació
In my room

falta una cadira,
I need a chair,

no funciona el telèfon,
the telephone doesn't work,

no hi ha paper higiènic,
there is no toilet paper,

no hi ha corrent (elèctric).
there is no electricity.

El número de la meva habitació és: ...
My room number is: ...

Podria ensenyar-me com funciona l'aire condicionat?
Could you show me how the air conditioning works?

Em podria portar
Could you please bring me

sabó,	**un got?**
soap,	a glass?

A la meva habitació
In my room

la bombeta està fosa,
the lightbulb is burnt out,

l'aixeta degota,
the faucet / tap drips,

no es pot obrir la finestra,
the window doesn't open,

no es pot tancar l'armari.
the closet / cupboard doesn't close.

La meva habitació no està arreglada.
My room hasn't been made up.

Quin és el voltatge aquí?
What's the current here?

Em fa falta un lladre / adaptador.
I need a multiple socket / an adaptor.

On és
Where is

el menjador,   **el saló,**
the dining room,   the lounge,

el bar?
the bar?

Hi ha la possibilitat que em
Would it be possible to have

rentin la roba,   **netegin les sabates,**
my clothes washed,   my shoes cleaned,

planxin els pantalons,
my trousers pressed,

cusin un botó?
a button sewed?

On es pot
Where can I

comprar segells,
buy stamps,

apuntar-se a excursions / activitats,
sign up for trips / activities,

canviar diners?
exchange money?

Demà cridi'm a les set.
Call me at seven tomorrow.

He perdut la clau de la meva habitació.
I've lost my room key.

He deixat la clau dintre de la meva habitació.
I've left the key in my room.

Si em busquessin, torno cap a les cinc.
If anyone asks for me, I'll be back around five.

7.4 **La sortida.** The departure.

Marxo demà
I'm leaving tomorrow

al matí,	**al migdia.**
morning,	at noon.

A quina hora he de deixar lliure l'habitació?
What time must I check out?

Tingui el compte preparat.
Have my bill prepared.

El compte, sisplau.
The bill, please.

No s'equivoca? Només hi he estat dues nits.
Aren't you mistaken? I've only been here for two nights.

Cridi'm un taxi.
Call me a taxi.

Mani baixar el meu equipatge.
Send for my luggage to be brought down.

7.5 **Càmping.** Camping.

Hi ha per aquí un càmping?
Is there a camping site near here?

És permès acampar aquí?
Is it permitted to camp here?

Hi ha lloc
Is there room

per a una tenda?
for a tent?

per a una caravana?
for a trailer / caravan?

per a una autocaravana?
for a trailer-home?

Quant cal pagar per una nit?
How much does one night cost?

Lloguen tendes?
Do you rent tents?

On puc canviar (fer omplir) la bombona de gas?
Where can I change (fill) the gas cylinder / tank?

On es pot
Where can one

cuinar?
cook?

rentar els plats?
wash the dishes?

rentar roba?
wash clothes?

Podem encendre una foguera?
Can we make a fire?

A quina distància és la botiga de queviures més propera?
How far away is the nearest grocery?

8. LA CIUTAT. THE CITY.

8.1 Visita de la ciutat.
Visiting the city.

Pot facilitar-me un plànol de la ciutat?
Can you provide me with a map of the city?

Quins són els monuments més importants de la ciutat?
What are the city's most important monuments?

Pot recomanar-me un itinerari per a una visita de la ciutat en
Can you recommend me an itinerary for visiting the city in

un dia,	**dos dies?**
a day,	two days?

Organitzen visites comentades a la ciutat?
Do you organize guided tours of the city?

En quina llengua parla el guia?
What language does the guide speak (in)?

Quant costa la participació?
How much does it cost?

D'on surt l'autocar?
Where does the bus / coach leave from?

8.2 Demanant informació a ciutat.
Asking for information in the city.

A quina distància es troba?
How far (away) is it?

És lluny el centre de la ciutat?
Is the city centre far from here?

Com puc arribar al centre de la ciutat?
How can I get to the city centre?

On és l'ajuntament?
Where is the city hall?

Hi ha una bústia a prop d'aquí?
Is there a mailbox / letter box near here?

Val la pena d'anar-hi amb cotxe?
Is it worth going by car?

És molt a prop.
It's very close / nearby.

Pot anar a peu.
You can walk there.

A la tercera cantonada tombi a la dreta.
Turn right at the third corner.

És una mica lluny.
It's a bit far.

Quin autobús, metro he d'agafar?
Which bus / coach, subway / underground should I take?

On és la parada de l'autobús? l'estació de metro?
Where is the bus / coach stop? the subway / tube station?

A cent cinquanta metres d'aquí.
One hundred and fifty metres from here.

A la cantonada.
On the corner.

Al segon carrer a l'esquerra, a la dreta.
The second street on the left, on the right.

On he de baixar?   **Quantes parades he de fer?**
Where do I get off?   How many stops away is it?

He de fer transbord?   **Quant val el bitllet?**
Do I have to transfer / change over?   How much is the ticket?

Aquí.   **Tot recte.**
Here.   Straight ahead / on.

A la dreta.   **A l'esquerra.**
On / To the right.   On / To the left.

8.3 **Transport urbà. Rètols. Informacions per altaveu.**
    Urban transport. Signs. Information over the loudspeaker.

Línia 5 (cinc).   **Direcció Horta.**
Line 5 (five).   Direction Horta.

Sortida Bailèn.
Exit to Bailen.

Pròxima estació: Diagonal.
Next station: Diagonal.

Correspondència amb línia tres.
Connection with line three.

Atenció. Per obrir, accioneu la palanca.
Attention! To open, push handle up (on metro).

Demaneu / sol.liciteu parada.
Request your stop.

8.4 **El taxi.** The taxi.

Cridi'm un taxi, sisplau.
Please call me a taxi.

On puc trobar un taxi?
Where can I find a taxi?

Hi ha una parada de taxis prop d'aquí?
Is there a taxi ranknear here?

Envïi'm un taxi demà a les set del matí.
Send me a taxi tomorrow morning at seven.

La meva adreça és Carrer Major, número dotze.
My address is number twelve, Main Street.

Porti'm a la Plaça Lesseps.
Take me to Lesseps Square.

Quant em costaria anar a l'aeroport?
How much would it cost me to go to the airport?

Quant triga a arribar a l'estació?
How long does it take to get to the station?

Tinc pressa.
I'm in a hurry.

Esperi'm aquí un moment.
Wait for me here a moment.

Hem arribat.
We have arrived.

Pari aquí.
Stop here.

Què li dec?
How much do I owe you?

Quant marca el taxímetre?
How much does the taximetre mark?

Tingui. Quedi's el canvi.
Here. Keep the change.

8.5 **Pàrking.** Parking.

Puc deixar aquí el meu cotxe?
May I leave my car here?

A dos-cents metres trobarà un pàrking subterrani.
You'll find an underground parking lot / car park two hundred meters from here.

En entrar, prengui el tiquet.
Take a ticket upon entering.

És prohibeix d'estacionar aquí.
It is forbidden to park here.

No aparqui aquí, perquè la policia
Do not park here because the police

el multarà,
will fine you,

s'emportarà el seu cotxe.
will tow away your car.

Només pot aparcar aquí si tira monedes al parkímetre.
You can only park here if you put coins in the parking metre.

Pot aparcar una hora i mitja com a màxim
You can park here for an hour and a half at the most.

8.6 **Policia.** Police.

Policia!
Police!

Lladres! Al lladre!
Thief! Stop thief!

Cridi la policia, sisplau.
Please call the police.

On és la comissaria de policia?
Where is the police station?

He perdut els meus documents.
I've lost my papers.

M'he perdut.
I'm lost.

M'han robat.
I've been robbed.

Ha estat aquest home.
It was this man.

Ha estat aquesta dona.
It was this woman.

Han estat aquests.
It was them.

Tinc testimonis.
I have witnesses.

Està vostè disposat / disposada a fer de testimoni?
Are you willing to serve as a witness?

M'han robat
They've stolen

la càmera,
my camera

el cotxe,
my car,

els diners,
my money,

la cartera,
my wallet,

la bossa de mà / el moneder
my handbag / purse.

M'han atracat i m'han pres
I've been held up and they've stolen

l'anell,
my ring,

la polsera,
my bracelet,

el collaret,
my necklace,

el rellotge.
my watch.

Voldria denunciar
I want to report

un accident, an accident,	**una violació,** a rape,
un atracament, a holdup,	**un robatori.** a robbery.

Tinguin la bondat de prendre acta.
Please take note.

Pot fer una descripció de l'atracador?
Can you give a description of the robber?

Podria reconèixer el lladre?
Would you recognize the thief?

Sóc ciutadà americà / anglès. Sóc ciutadana americana / anglesa.
I'm an American / British citizen.

Voldria un intèrpret / advocat.
I would like an interpreter / a lawyer.

No he fet res.
I haven't done anything.

Vull parlar amb el cònsol d'Espanya.
I want to speak with theSpanish consul.

Vostè ha comès una infracció.
You have commited an infraction.

Vostè ha estacionat en zona prohibida.
You are parked in a no-parking area.

He de multar-lo / multar-la.
I have to fine you.

9. TEMPS LLIURE.
FREE TIME.

9.1 Lleure. Pastimes.

Quina és la seva diversió favorita?
What's your favorite pastime?

M'agrada / m'agradaria
I like / I would like

jugar al billar,	**jugar a cartes,**
to play pool/billiards,	to play cards,
fer excursions,	**llegir,**
to go on trips,	to read,
muntar a cavall,	
to go horseback riding,	
visitar museus i exposicions,	
to visit museums and exhibitions,	

escoltar la ràdio,
to listen to the radio,

jugar als escacs,
to play chess,

practicar surfing,
to surf,

ballar,
to dance,

jugar al tennis,
to play tennis,

veure la tele(visió),
to watch television,

nedar.
to swim.

La meva dona és aficionada al cine / teatre.
My wife is a cinema / theatre lover.

Vostè és col.leccionista d'alguna cosa?
Do you collect anything?

Col·lecciono segells.
I collect stamps.

Dedico tot el meu temps lliure a
I devote all of my free time to

la pesca amb canya,
angle fishing,

l'apicultura,
beekeeping,

la caça.
hunting.

Sóc un boletaire apassionat.
I'm extremely fond of gathering mushrooms.

Té ganes de jugar
Do you feel like playing

al dominó,   **a cartes,**
dominoes,   cards,

als daus?
darts?

Pot ensenyar-me com és la baralla espanyola?
Can you show me what the Spanish deck of cards looks like?

Aquesta nit podríem sortir a ballar.
We could go dancing tonight.

Coneix aquí prop una bona sala de festes?
Do you know of a good dance hall near here?

Puc encendre / engegar la tele?
May I turn on the T.V.?

Baixi el volum de la ràdio, sisplau.
Turn down the radio, please.

Pot dir-me l'horari del Museu d'Art de Catalunya?
Could you tell me the opening hours of the Museum of Art of Catalonia?

Quan es pot visitar el Museu Picasso?
What are the Picasso Museum's opening hours?

On és exposat el «Guernica» de Picasso?
Where is Picasso's «Guernica» exhibited?

Se celebren *corridas* en aquesta temporada?
Are there bullfights at this time of year?

9.2 **Al teatre.** At the theatre.

Aquesta nit voldria anar al teatre. Podria recomenar-me una peça entretinguda?
I would like to go to the theatre tonight. Could you recommend me an entertaining play?

Si no saben bé la llengua, els recomenaria un espectacle musical.
If you don't speak / understand the language, I would recommend a musical show.

Quina obra fan demà?
What show is playing tomorrow?

Seria tan amable de reservar-me dues localitats per a la funció de demà?
Could you please reserve me two seats for tomorrow's performance?

Sisplau, dues entrades de la segona fila del primer pis.
Two seats in the second row on the first floor, please.

A quina hora comença la funció?
What time does the show start?

Un cop començada la representació, no podran entrar a la sala.
Once the show has begun, you will not be allowed to enter the theatre.

9.3 **Al cine.** At the cinema.

Té una cartellera de teatres i cines?
Do you have a theatre and cinema guide?

M'agradaria anar a veure
I would like to go see

>> **una pel·lícula policíaca,**
>> a detective film,

>> **una comedia,**   **una pel·lícula d'aventures,**
>> a comedy,   an adventure film,

>> **una pel·lícula d'amor,**   **de sexe,**
>> a love film,   a sex film,

>> **de ciència-ficció,**   **de l'oest.**
>> science fiction film,   western.

Podria dir-me en quin cine fan aquest vespre una pel.lícula
Could you tell me where they're showing an / a

>> **anglesa,**   **francesa,**
>> English,   French,

>> **italiana,**
>> Italian,

en versió original?
original version film tonight?

A quina hora comencen les sessions?
What time are the showings?

Sisplau, dues entrades per a la sessió de la tarda. Si potser centrals, en la fila vuit de la platea.
Two tickets for the afternoon showing, please. If it's possible, in the center of row eight in the orchestra / stalls.

Ho sento, però la sessió és contínua i les entrades no són numerades.
I'm sorry, but it's a continuous showing and the tickets aren't numbered.

9.4 **Rètols, avisos al teatre i al cine.**
   Signs, anouncements in the theatre and cinema.

Dilluns, descans semanal.
Monday, day off.

No recomenada a més joves de 18 (divuit) anys.
Not recommended for persons under 18 (eighteen).

Venda anticipada de localitats amb quinze dies d'antelació.
Tickets on sale fifteen days in advance.

Reserves per telèfon.
Reservations by telephone.

Preus especials per a grups.
Special group rates.

VOSE; Versió original subtitulada en espanyol.
Original version, subtitles in Spanish.

Versió original en francès: VOFr.
Original version in French.

Totes les localitats estan exhaurides. Exhaurides les localitats.
All tickets are sold out.

9.5 **A la platja.**
　　At the beach.

Quina platja podria recomanar-nos?
What beach would you recommend us?

Quants graus té avui l'aigua?
What's the temperature of the water today?

On podem despullar-nos?　　**No hi ha perill per als nens?**
Where can we get undressed?　　Is it dangerous for children?

Quant costa el lloguer per una hora (per dues hores)
How much does it cost per hour (for two hours) to rent

　　　　　　d'una gandula,　　**d'un matalàs inflable,**
　　　　　　a deck / lawn chair,　　an air bed,

　　　　　　d'un patí,　　**d'un bot?**
　　　　　　a paddle boat,　　a boat?

Compte a no trepitjar eriçons de mar!
Be careful not to step on sea urchins!

Es pot banyar / pescar aquí?
Can one swim / fish here?

10. ÀPATS. RESTAURANT.
   MEALS. RESTAURANT.

10.1 Àpats. Generalitats.
   Meals. Generalities.

Voldríem dinar / sopar.
We would like to have lunch / supper.

Pot recomanar-nos un restaurant típic català / espanyol?
Could you recommend us a typical Catalan/ Spanish restaurant?

Hi ha vora aquí una cerveseria / celler?
Is there a beer house / wine cellar near here?

Reservi'ns sisplau una taula per a quatre persones, per a dos quarts de nou d'aquesta nit.
Please reserve a table for four at eight thirty tonight.

No tens gana / set?   **Tinc molta gana.**
Aren't you hungry / thirsty?   I'm very hungry.

Tinc set.   **Anem a menjar / prendre alguna cosa!**
I'm thirsty.   Let's go eat / drink something!

Anem a esmorzar.
Let's have breakfast.

L'invito a
I'll invite you to

dinar,
lunch,

berenar,
a snack,

sopar.
dinner / supper.

L'invito a prendre una copa.
I'll invite you to a drink.

Sopem plegats!
Let's have dinner / supper together!

Ha de tastar les especialitats catalanes / espanyoles.
You must try the Catalan / Spanish specialties.

Entrem en aquest restaurant!
Let's go into this restaurant!

10.2 **Esmorzar a l'hotel.**
    Breakfast at the hotel.

L'esmorzar està inclòs en el preu de l'habitació?
Is breakfast included in the room price?

Voldríem esmorzar.
We would like to have breakfast.

Digui'm, sisplau, a quines hores serveixen l'esmorzar?
Could you please tell me what time they serve breakfast?

Faci'm pujar l'esmorzar a la habitació.
Have my breakfast sent up to my room.

On és el menjador?
Where is the dining room?

On podem seure?
Where can we sit?

Què desitgen prendre,
What would you like,

cafè amb llet,	**te,**	**cacau?**
white coffee,	tea,	cocoa?

Porti'm un suc de fruita.
Bring me a fruit juice.

Amb sucre o sense?
With or without sugar?

Cambrer, porti'm un altre cafè.
Waiter, bring me another coffee.

Porti'ns una mica / unes
Bring us a few / some

llesques de pa,
slices of bread,

uns panets.
(bread) rolls.

10.3 **Begudes.**
Drinks; beverages.

Puc invitar-te / invitar-lo / invitar-la a prendre una copa?
Can I invite you to a drink?

Gràcies. Accepto la teva / seva invitació.
Thank you. I accept your invitation.

Què prendrem?
What shall we have?

Què volen beure els senyors?
What would you gentlemen like to drink?

Porti una ampolla de cervesa gelada.
Bring a bottle of ice cold beer / ale.

Una ampolla / Un litre de vi.   **Quin vi recomana?**
A bottle / A liter of wine.   Which wine do you recommend?

Porti més glaçons, sisplau.
Bring some more ice (cubes), please.

Salut! A la teva / seva salut!
Cheers! To your health!

10.4 **Dinar i sopar en un restaurant.**
Lunch and dinner at a restaurant.

On seiem, aquí o al racó?
Where shall we sit, here or in the corner?

El cambrer vindrà de seguida.
The waiter will be with you in a moment.

És lliure aquesta taula?   **Seguem aquí.**
Is this table free?   We'll sit here.

Cambrer, porti una cadira més, sisplau.
Waiter, bring us another chair, please.

Perdoni, és lliure aquesta cadira?
Excuse me, is this chair free?

Voldríem menjar / beure alguna cosa.
We would like to eat / drink something.

Cambrer, la carta, sisplau.
Waiter, the menu, please.

Porti un altre ganivet / una altra forquilla.
Bring another knife / fork.

Falta una cullera,
I / We need a spoon,

               un cobert,   **un saler.**
               a place setting,   the salt (shaker).

Què és el menú?   **Serveixi'm el menú (del dia).**
What's on the menu?   I'll have today's set menu.

10.5 **Comanda.** Ordering.

Quin aperitiu demanem?
What apéritif shall we order?

Què mengem per començar?
What shall we have for starters?

Amanida?
Salad?

Li agraden les olives?
Do you like olives?

Què desitja com a primer plat, sopa o alguna altra cosa?
What would you like for your first course, soup or something else?

Pasta o arròs?
Pasta or rice?

Què puc recomanar-li: carn, peix o algun plat de verdura?
What would you prefer: meat, fish or a vegetable dish?

Prefereix aviram?
Do you prefer fowl?

Li agrada la (carn d'animals de) caça?
Do you like game (meat)?

Aquí la preparen molt bé.
They cook it very well here.

Com li agrada la carn, molt feta o poc feta?
How do you like your meat, well-done, medium or rare?

Ha de tastar alguna especialitat d'aquí.
You must try one of the specialties from here.

Cambrer!
Waiter!

Què els porto?
What shall I bring you?

Per començar portin'ns còctel de gambes.
For starters, bring us prawn cocktail.

Quina sopa recomana?
Which soup do you recommend?

Quina sopa és la vichissoise?
Which is the «vichissoise» soup?

Com a plat principal, voldríem menjar peix o caça.
As our main course, we would like to have fish or game.

Què pot recomanar-nos?
What would you recommend?

Demanarem les postres més tard.
We'll order dessert later on.

Bon profit!
Enjoy your meal!

Igualment.
You too.

Li agrada?
Do you like it?

Aquest plat és excel.lent / deliciós.
This dish is excellent / delicious.

No vol amanir l'amanida?
Wouldn't you like to dress the salad?

Quin acompanyament desitja?
What would you like to go with it?

Quina salsa vol amb la carn?
What sauce would you like with your meat?

Vol pa?
Would you like bread?

Què prendrem?
What shall we drink?

Cambrer, quin vi recomana amb aquesta carn?
Waiter, which wine do you recommend with this meat?

Vol vi negre o blanc?
Do you want red or white wine?

Cambrer, tenen vi de la casa?
Waiter, do you have a house wine?

Porti una ampolla de cava.
Bring a bottle of «cava» (sparkling wine).

A la seva salut.
To your health.

Què menjarem de postres?
What shall we have for dessert?

Vol fruita, formatge o dolços?
Would you like fruit, cheese or sweets?

Prendrà cafè?
Would you like coffee?

Vol un conyac? Ajuda a fer la digestió.
Would you like a brandy? It aids digestion.

Brindem pels nostres amics.
A toast to our friends.

10.6 **El compte.** The bill.

Paguem.
Let's pay.

Cambrer, el compte, sisplau.
Waiter, the bill, please.

Deixi-ho, l'invito jo.
Please don't. I'll pay.

Aquesta vegada pago jo.
I'm paying this time.

Compartim el compte.
Let's split the bill.

Quanta propina es deixa?
How large a tip does one leave?

Perdoni, però aquest compte és errat / equivocat.
Excuse me, but this bill is wrong.

Cambrer, és per vostè.
Waiter, it's / that's for you.

Li agraeixo molt la invitació.
I appreciate your invitation.

10.7 **Rètols al restaurant.**
     Restaurant signs.

Aparcament; pàrking
Parking (lot)

Cuina típica anglesa
Typical English cuisine

Terrassa
Pavement; tables / terrace

Menjador
Dining room

Cuina
Kitchen

Guarda-roba
Checkroom; cloakroom

Lavabo(s)
Washroom(s)

Lavabo(s)
Toilet(s); restroom(s)

Homes
Men

Dones
Women

Telèfon públic
Public telephone

Carta (de plats)
Menu; list of dishes

Llista de preus
Price list

Menú
Menu; bill of fare

El xef us suggereix / recomana
The chef suggests / recommends

Servei inclòs
Service charge included

IVA inclòs
V.A.T. included

No s'admeten talons i targetes de crèdit
Checks and credit cards are not accepted

10.8-10.22 **La carta.** The menu.

10.8 **Entremesos.**
Hors d'oeuvres.

Olives (verdes, negres)
(Green, black) olives

Caviar
Caviar

Còctel de gambes
Prawn cocktail

Amanida / còctel de marisc
Seafood salad / cocktail

Ensalada russa
Potato / Russian salad

Foie gras
Foie gras

Pernil
Ham (cured)

Patés
Patés

Assortiment de carn freda
Assorted cold cuts / meats

10. **Amanides.** Salads.

Crudités
Raw vegetable salad

Espàrrecs amb maionesa
Asparagus with mayonnaise

Amanida mixta
Mixed salad

Amanida de tomàquet
Tomato salad

Enciam
Lettuce

Cogombres
Cucumbers

10.10 **Pastes i arrossos.** Pastas and rices.

Canelons
Canneloni

Espaguetis
Spaghetti

Macarrons
Macaroni

Pastís de ronyons
Kidney pie

Pilaf; arròs pilaf
Pilaf rice

Pizza
Pizza

Raviolis
Ravioli

Tallarines
Noodles

10.11 Acompanyaments i salses.
Accompaniments and sauces.

Arròs
Rice

Croquetes
Croquettes

Patates
Potatoes

Patates fregides
Potato chips / crisps

Puré de patates
Mashed potatoes

Catsup
Ketchup

Maionesa; salsa maionesa
Mayonnaise

Salsa de tomàquet
Tomato sauce

10.12 Sopes. Soups.

Brou
Broth; stock

Consomé
Consommé

Crema de llegums / verdures
Cream of vegetable soup

Sopa de peix
Fish soup

Sopa de marisc
Seafood soup

Sopa de tomàquet
Tomato soup

Sopa de verdures
Vegetable soup

10.13 **Plats de verdura.**
Vegetable dishes.

Cassola de llenties
Lentil stew

Minestra de verdures
Mixed vegetables

Puré de pèsols
Pea soup

10.14 **Maneres de preparació.**
Methods of preparation.

A la brasa
Braised

A la graella
Barbecued

a la planxa
grilled

al forn
baked

Al natural
Natural

Amb crema
With cream

Arrebossat, -adda
Covered; fried in batter

Bullit, -ida
Boiled

Confitat, -ada
Candied

Cuit, -a
Cooked; boiled

En escabetx
Pickled

Farcit, -da
Stuffed

Flamejat, -ada
Flambé

Fregit, -ida
Fried

Fumat, -ada
Smoked

Gratinat, -ada
Gratin

Ofegat, -ada
Browned

Picat, -ada
Ground; minced

Rostit, -ida
Roasted

Salat, -ada
Salted

Saltat, -ada
Sautéed

Sec, -a
Dry

Viu, viva
(A)live

10.15 **Carns.** Meats.

Mandonguilles
Meatballs

Rostit
Roasted / barbecued meat

Bistec
Steak

Bistec tàrtar
Steak tartare

Tripes
Tripes

Carn arrebossada
Meat fried in breadcrumbs

Costella de porc
Pork rib / chop

Escalopa
Veal cutlet; escalope

Escalopa a la vienesa
Viennese-style escalope

Estofat
Stew

Filet
Fillet; sirloin

Goulash a l'hongaresa
Hungarian goulash

Llom de porc
Pork loin

Medallons de vedella
Veal pats

Graellada de carn
Assorted barbecued meats

Pebrot farcit
Stuffed pepper

Ragout
Ragout

Rotllos de vedella
Veal rolls

Rotllos de carn
Meat rolls

Rosbif
Roast beef

Rostit
Roasted meat

10.16 **Animals domèstics i la seva carn.**
Domestic animals and their meats.

Bou
Ox

Cabrit
Kid

Carn de bou
Beef

Moltó; xai
Mutton

Conill
Rabbit

Anyell; bé
Lamb

Porcell; garrí
Suckling pig

Ovella; xai
Sheep

Vedella; carn de vedella
Calf; veal

10.17 **Caça i aviram.**
Game and fowl.

Cérvol
Deer; venison

Senglar; porc senglar
Wild boar

Llebre; conill de bosc
Hare

Guatlla
Quail

Gallina
Hen

Oca
Goose

Oca salvatge
Wild goose

Ànec
Duck

gall dindi
turkey

pollastre
chicken

10.18 **Peix. Marisc.**
Fish. Seafood.

Ostres (vives)
(Live) oysters

Graellada de peix
Assorted grilled fish

Pops amb la tinta
Octopus in its own ink

Peix i marisc
Fish and seafood

10.19 Peixos d'aigua dolça i de mar.
Fresh and salt water fish.

Anxova
Anchovy

Anguila
Eel

Areng
Herring

Tonyina
Tuna(fish)

Bacallà
Cod(fish)

Carpa
Carp

Llenguado
Sole

Lluç
Hake

Salmó
Salmon

Sardina
Sardine

Truita
Trout

10.20 **Marisc. Cargols.**
Seafood. Snails.

Musclo; cloïssa; copinya
Clam; mussel

Calamar
Squid

Gambeta
Shrimp

Cranc
Crab

Cargol; bover
Snail

Gamba
Prawn

Llagosta
Lobster

Marisc
Seafood

Ostra
Oyster

Pop
Octopus

Sípia; sèpia
Suttlefish

10.21 **Postres i plats dolços. Pastes i pastissos.**
Desserts and sweets. Pastries and cakes.

Arròs amb llet
Rice pudding

Crema
Custard

Creps
Crêpes

Flam
Cream caramel; flam

Fruita del temps
Fresh fruit

Macedònia de fruites
Fruit cocktail

Melmelada
Jam; marmalade; preserves

Mousse de xocolata
Chocolate mousse

Púding
Pudding

Safata de formatges
Assorted cheeses

Iogurt de fruites
Yogurt with fruits

Pastes i pastissos
Pastries and cakes

Bunyols
Doughnuts

Xurros
Crullers

Pastes seques
Tea pastries

Pastís de xocolata
Chocolate cake

Rebosteria
Assorted pastries

Un tall de pastís
A piece of cake

10.22 **Gelats i dolços.**
Ice cream and sweets.

Copa de gelat
Cup of ice cream

Copa de tres boles
Three-scoop cup

Gelat de xocolata
Chocolate ice cream

Gelat de vainilla
Vanilla ice cream

Dolços
Sweets

Bombons
Chocolates

Caramels; confits
Candies; toffees; sweets

Xiclet
Chewing-gum

Xocolata amb ametlles / avellanes
Chocolate with almonds / hazelnuts

Massapà
Marzipan

Torró
Nougat

Una rajola de xocolata
A bar of chocolate

11. COMPRES. SERVEIS.
PURCHASES. SERVICES.

11.1 Porcions; unitats.
Portions; units.

Doni'm, sisplau
Please give me

dos-cents grams de pernil,
two hundred grams of ham,

dos-cents cinquanta grams de formatge,
two hundred and fifty grams of cheese,

mig quilo de raïm,
half a kilo of grapes,

un quilo de pa,
a kilo of bread,

un litre de llet,
a litre of milk,

un metro.
one metre.

Doni-me'n la meitat.
Give me half (of it).

Doni-me'n
Give me

quaranta centímetres,
forty centimetres,

Doni'm / Posi'm tot / sencer.
Give me all of it.

Doni-me'l a talls / a llesques.
Slice it for me.

uns quants,
a few,

menys.
less.

més,
more,

Doni'm
Give me

un pollastre (sencer),
a (whole) chicken,

mig pollastre,
half a chicken,

un quart de pollastre.
a quarter of a chicken.

Doni'm
Give me

un paquet de pa ratllat,
a packet of bread crumbs,

un paquet de cigarretes,
a packet of cigarettes,

un tros de formatge,
a piece of cheese,

un tros de mantega; una pastilla / un paquet de mantega,
a packet of butter,

una pastilla de sabó,
a bar of soap,

una capsa de mistos / llumins,
a box of matches,

una capsa de cigars,
a box of cigars,

un paquet / una capsa de pastilles maggi,
a packet / a box of chiken / beef cubes,

una llauna de cervesa,
a can of beer,

una llauna,
a can,

una llauna de tomàquet,
a can of tomato sauce,

un parell de mitjons,
a pair of socks,

un iogurt,
a yogurt,

un got / vas de vi,
a glass of wine,

una barra de pa,
a loaf of bread,

una tallada de meló,
a slice of melon

un tall de pernil,
a slice of ham,

una rodanxa de lluç,
a slice of hake,

una llesca de pa,
a slice of bread,

una rajola de xocolata,
a bar of chocolate

un rotlle / rotllo de paper higiènic,
a roll of toilet paper,

una dotzena d'ous,
a dozen eggs,

una ampolla de vi / cervesa,
a bottle of wine / beer,

un pot de mel,
a jar of honey,

un sobre de sopa maggi,
a packet of instant soup,

una bossa de cigrons
a bag of chick-peas

11.2 **Mesures.** Measures.

Pesos. Mesures de pesos.
Weights. Weight measures.

Gram
Gram

Decagram (10 grams)
Decagram (10 grams)

Quilogram; quilo
Kilogram; kilo

Quintar
Quintal

Tonelada
Ton

Mesures de capacitat i de volum
Capacity and volume measures

Decilitre
Decilitre

Litre
Litre

Hectolitre
Hectolitre

Centímetre cúbic
Cubic centimetre

Metre cúbic
Cubic metre

Mesures de longitud
Lineal measures

Milímetre
Milimetre

Centímetre
Centimetre

Decímetre
Decimetre

Metre
Metre

Quilòmetre
Kilometre

Mesures de superfície
Surface measures

Metre quadrat
Square metre

Quilòmetre quadrat
Square kilometre

Altres mesures
Other measures

Llegua
League

Milla
Mile

Hectàrea
Hectare

Lliura
Pound

11.3 **Compres. Generalitats.**
      Purchases. Generalities.

Quines botigues hi ha per aquí?
What stores / shops are there around here?

On puc comprar sobres?
Where can I buy envelopes?

On és l'estanc més proper / la papereria més propera?
Where is the nearest tobacconist's / cigar shop / stationer's?

A quina hora obren / tanquen les botigues?
What time do they open / close the stores?

Està obert / tancat?
Is it open / closed?

Què desitja / desitjen?
What would you like?

En què puc servir-li?
What can I do for you?

Ja l'atenen? Ja el / la serveixen?
Are you being served?

Qui toca?
Who's next?

És una mica més, no li fa res?
There is a little bit more, do you mind?

Aquí el té.
Here you go.

Una altra cosa?
Anything else?

Això és tot?
Is that all?

Són dues-centes pessetes en total.
That comes to two hundred pesetas all together.

Necessito també uns sobres.
I also need some envelopes.

Té segells també?
Do you also have stamps?

Ensenyi'm unes postals.
Show me some postcards.

Quant és?
How much is it?

Val cent pessetes.
It costs one hundred pesetas.

És massa car.
It's too expensive.

No en té un altre / una altra?
Don't you have another one?

Acostumen tenir-ho?
Do you usually have it?

Doni-me'n un altre.
Give me another (one).

A qui he de pagar?
Who should I pay?

Aquí té la factura.
Here's the bill.

S'ho embolico?
Shall I wrap it?

Aquest / Aquesta quin preu té?
How much is this (one)?

Què li dec?
How much do I owe you?

No en té de més barats?
Don't you have anything cheaper?

Només té aquest / aquesta?
You only have this one?

No n'hi ha?
There aren't / isn't any?

Quan en tindrà?
When will you have more?

Pot canviar-me'l?
Could you exchange it for me?

Ja li cobro jo.
You can pay me.

Passi per la caixa.
Go ahead to the cashier's desk.

Emboliqui-me'l.
Wrap it for me.

11.4 **Al mercat.** At the market.

Comprant verdures i fruites
Buying vegetables and fruits

Doni'm un quilo de taronges.
Give me a kilo of oranges.

Doni'm mig quilo de tomàquets madurs.
Give me half a kilo of ripe tomatoes.

No són prou madurs.
They're not ripe enough.

Més madurs, sisplau.
Riper, please.

Més durs / verds.
Greener; less ripe.

Més grans / petits.
Larger / smaller.

Pesi ('m) aquest meló.
Weigh this melon (for me).

Quant pesa?
How much does it weigh?

És fresca la verdura?
Are the vegetables fresh?

Pot donar-me una bossa?
Could you give me a bag?

Com es diu en anglès aquesta fruita?
What's this fruit called in English?

11.5 **Carnisseria.** Butcher's shop.

Doni'm
Give me

mig quilo de carn de vedella,
half a kilo of veal,

tres-cents grams de fetge de porc,
three hundred grams of pig's liver,

mig quilo de llard.
half a kilo of lard.

Doni'm també
Give me

dos-cents cinquanta grams de pernil.
two hundred and fifty grams of ham also.

En talls fins, sisplau.
Thinly sliced, please.

Més gruixudes.
Thicker.

Aquest és massa gras.
This is too fatty.

Més magre, sisplau.
Leaner, please.

11.6 **Polleria.** Poultry shop.

Doni'm
Give me

un pollastre,
a chicken,

un gall dindi.
a turkey.

una oca no massagrossa,
a duck, but not too large,

Doni'm mig quilo de pit de pollastre.
Give me half a kilo of chicken breasts.

Té foie gras?
Do you have foie gras?

Té pollastre rostit?
Do you have roasted chicken?

Doni'm un pollastre sencer
Give me a whole chicken,

mig pollastre
half a chicken,

un quart de pollastre.
a quarter of a chicken.

Doni'm una dotzena d'ous.
Give me a dozen eggs.

Mitja dotzena.
Half a dozen.

11.7 **Peixateria**. Fish shop.

Tenen peix fresc?
Do you have fresh fish?

Quina mena de peixos tenen?
What kind of fish do you have?

Tenen peix d'aigua o només peixos de mar?
Do you have fresh water fish or only salt water fish?

Voldria comprar arengs fumats.
I would like to buy kippered herring.

Hi ha tonyina congelada?
Do you have frozen tunafish?

Té moltes espines aquest peix?
Does this fish have many bones?

Doni'm quatre rodanxes d'aquest. No vull el cap / la cua.
Give me four slices of this. I don't want the head / tail.

Pot treure les escates?
Could you scale it?

11.8 **Magatzem**. Department store.

On és l'entrada?
Where is the entrance,

la informació?
the information desk,

la consigna?
the checkroom?

On són
Where are

els ascensors,
the elevators; the lifts

els emprovadors?
the fitting rooms?

les escales mecàniques,
the escalators,

En quina planta és la sabateria?
What floor is the shoe section on?

On trobo
Where can I find

els articles d'esport,
sporting goods,

el menjar per a gossos?
dog food?

Està / Estan
It is / They are

al soterrani,
in the basement,

a la planta baixa,
on the ground floor,

a la primera planta.
on the first floor.

11.9 **Peces de vestir; articles de moda.**
Articles of clothing; fashion.

De quina talla la desitja?
What size would you like it in?

De la trenta-vuit.
In thirty-eight.

De quin color?
What colour?

D'un color clar / fosc.
A light / dark colour.

Mostri'm una camisa de màniga llarga amb ratlles / quadres.
Show me a long-sleeved striped / checked shirt.

Està de moda. Això es la darrera moda.
It's in fashion. This is the latest fashion.

Puc emprovar-me-la?
May I try it on?

Emprovi-se-la.
Try it on.

Els emprovadors són al fons de la sala.
The fitting rooms are at the back of the room.

Com és? Li queda bé?
What do you think? Do you like how it fits?

No, les mànigues són massa curtes / llargues.
No, the sleeves are too short / long.

Aquesta és massa ampla / estreta.
This one is too wide / tight.

És massa petita / gran.
It's too small / large.

Doni'm un número més petit / gran.
Give me a smaller / larger size.

Ensenyi'm una talla més petita / gran.
Show me a smaller / larger size.

No m'agrada el color / la tela / la mostra.
I don't like the color / the material / the sample.

De quina tela està feta?
What material is it made of?

No s'encongeix en rentar?
Does it shrink when washed?

Es pot rentar amb màquina?
Can it be machine-washed?

No perd color?
Will the colors fade?

No s'arruga?
Does it wrinkle?

Només es pot rentar en sec.
It can only be dry-cleaned.

És una tela que no s'arruga, no cal planxar-la.
It's a wrinkle-resistant cloth, it doesn't need ironing.

11.10 Sabateria; sabates. Calçat.
Shoe store; shoes. Footwear.

Voldria comprar un parell de sabates de cuiro.
I'd like to buy a pair of leather shoes.

Quin número calça?
What size do you take?

El quaranta-tres.
Forty-three.

De quin color les desitja?
What colour would you like them in?

Negre o gris.
Black or grey.

Emprovi's aquestes.
Try these on.

Estan molt de moda.
They are very fashionable.

Aquí té el calçador.
Here is the shoehorn.

Li queden bé?
Do they fit well?

M'estrenyen.
They're too tight.

Em van massa grans / petites.
They're too large / small.

Aquestes són un número més petit / gran.
These are a size smaller / larger.

Aquestes ja em van bé.
These are fine.

Me les quedo.
I'll take them

11.11 Serveis. Reparacions.
Services. Repairs.

On puc trobar una persona que repari sabates / rellotges / electrodomèstics?
Where can I find someone who fixes shoes / watches / electrical appliances?

S'ha espatllat el meu rellotge
My watch

la nostra cafetera
our coffee pot,

la calefacció.
the heating is broken.

No funciona.
It doesn't work

Pot reparar-lo / reparar-la?
Can you repair it?

Fa instal.lacions i reparacions d'aigua, gas i electricitat?
Do you do water, gas and electrical instalations and repairs?

Quan pot venir?
When can you come?

No podria venir abans?
Couldn't you come sooner?

Doni'm el seu número de telèfon.
Give me your telephone number.

Aquí té la meva targeta.
Here's my card.

11.12 Floristeria. Flors.
Florist's. Flowers.

Com es diu aquesta flor?
What's the name of this flower?

Doni'm un ram / pom.
Give me a bunch / bouquet.

Quant val un ram de clavells / roses?
How much is a bunch / bouquet of carnations / roses?

Prepari, sisplau,
Please prepare me

un ram de núvia
a bridal bouquet

una corona de flors.
a wreath of flowers.

Tingui la bondat d'enviar les flors a aquesta adreça.
Be kind enough to send the flowers to this address.

Posi-hi aquesta targeta.
Attach this card.

Teniu
Do you have

terra per a flors
soil for flowers

adob
fertilizer

testos
flower pots

llavors de flors?
flower seeds?

11.13 **Joieria. Joies, bijuteria.**
Jewelry shop. Jewels, costume jewelry.

Voldria comprar alguna joia.
I would like to buy a jewel / gem.

Ensenyi'm un rellotge d'or
Show me a gold watch

una cadena d'or	**un anell d'or.**
a gold chain	a gold ring.

Voldria una cosa més senzilla.	**Aquesta és massa cara.**
I would like something simpler.	This (one) is too expensive.

És d'or de llei.	**És d'argent.**
It's (made of) fine gold.	It's (made of) silver.

És daurat / argentat.	**De quants quirats és?**
It's gilt / silver plated.	How many carats is it?

Voldríem comprar aliances.
We would like to buy wedding rings.

Busco un anell amb alguna pedra preciosa.
I'm looking for a ring with a precious stone.

11.14 **Records**. Souvenirs.

Busco records de Catalunya / d'Espanya.
I'm looking for souvenirs of Catalonia / Spain.

Ensenyi'm articles	**de ceràmica**
Ensenyi'm articles	de ceràmica,

d'orfebreria,	**de marroquineria,**
goldware,	leather goods,

de bijuteria,	**d'argenteria.**
costume jewelry,	silverware.

Té monedes antigues?
Do you have antique coins?

Voldria comprar uns objectes d'artesania popular:
I'd like to buy some craftwork:

brodats,	**figuretes de fusta,**
embroidered items,	wooden figures,
estàtues,	**un quadre.**
statues,	a painting.

Té discos de música popular irlandesa?
Do you have records of popular Irish music?

Hi ha per aquí una botiga d'antiguitats?
Is there an antique shop around here?

11.15 **Regals. Joguines.**
       Gifts. Toys.

Voldria comprar algun regal per a la meva dona / per al meu marit / per als meus fills.
I'd like to buy a gift for my wife / my husband / my children.

Miri els articles que hi ha sobre el taulell.
Look over the articles on the counter.

Segurament trobarà alguna cosa que li agradi.
You'll surely find something you like.

Voldria comprar algunes joguines per a una nena de tres anys i per a un nen de cinc (anys).
I'd like to buy some toys for a three year old girl and a five year old boy.

Tenen jocs de societat?
Do you have boxed games?

Mostri'm una nina i un cotxet.
Show me a doll and a carriage / toy car.

Funciona amb piles?
Does it run on batteries?

Doni'm una pilota i un patí de rodes.
Let me have a ball and some roller skates.

Té articles d'esport?
Do you sell sporting goods?

Té raquetes de tennis?
Do you have tennis rackets?

11.16 **Quiosc. Llibreria.**
Newsstand. Book shop.

Han sortit ja els diaris
Have the

del matí,
morning,

de la tarda?
afternoon newspapers come out yet?

Ensenyi'm, sisplau, un diari anglès o alemany.
Please show me an English or German newspaper.

Doni'm un diari en català.
Give me a newspaper in Catalan.

Hi ha en aquest diari
Are / Is there

mots encreuats,
crossword puzzles,

cartellera de teatre i de cine?
a theatre and film guide in this newspaper?

On hi ha per aquí una llibreria?
Where is there a book shop near here?

Voldria comprar un llibre en anglès.
I'd like to buy a book in English.

Teniu novel.les catalanes en traducció anglesa / francesa?
Do you have Catalan novels translated into English / French?

Quin tema l'interessa?
What subject are you interested in?

Ensenyi'm llibres sobre
Show me books on

arquitectura,
architecture

pintura,
painting,

monuments,
monuments,

folklore,
folklore,

escultura,
sculpture,

l'olimpíada.
the olympics.

Vull
I want

una història de l'art anglès,
a history of English art,

un llibre sobre la història d'Anglaterra,
a book on the history of England,

una antologia de la literatura britànica,
an anthology of British literature,

un diccionari castellà - anglès.
a Spanish - English dictionary.

On trobo
Where can I find.

rondalles per a nens,
children's stories,

guies?
guide books?

Podria ensenyar-me un altre exemplar,
Could you show me another issue,

una edició més recent?
a more recent edition?

Veneu
Do you sell

discos,	**cassettes,**
records,	cassettes,
partitures,	**llibres de vell,**
musical scores,	used books,
llibres de text?	
text books?	

11.17 Estanc. Cigar store; Tobacconist's.

Doni'm un paquet de cigarretes.
Let me have a pack of cigarettes.

Doni'm una capsa de mistos / llumins.
Give me a box of matches.

Té gasolina per a l'encenedor?
Do you have lighter fluid?

Té pedres per l'encenedor?
Do you have lighter flints?

Pot carregar-me aquest encenedor de gas?
Could you fill this lighter for me?

Ensenyi'm unes pipes.
Let me see some pipes.

Doni'm postals i segells.
Let me have some postcards and stamps.

Doni'm vint-i-cinc sobres.
Let me have twenty-five envelopes.

Vostè fuma?
Do you smoke?

No fumo.
I don't smoke.

Fumo molt.
I smoke a lot.

No li molesta si fumo?
Do you mind if I smoke?

No li molesta el fum?
Does the smoke bother you?

Té foc?
Do you have a light?

Gràcies (pel foc).
Thank you (for the light).

11.18 **Rellotgeria**. Watchmaker's.

El meu rellotge s'ha aturat.
My watch has stopped.

Crec que s'ha espatllat.
I think it's broken.

El meu rellotge va avançat / endarrerit tres minuts per dia.
My watch gains / loses three minutes per day.

Miri'm què té.
Look and see what's wrong with it.

Pot reparar-lo?
Can you repair it?

Quant costarà la reparació?
How much will it cost to repair it?

Quan puc venir a recollir-lo?
When can I come to pick it up?

Ja està.
It's ready.

Posi'l a l'hora, sisplau.
Please set the hour.

Doni'm una corretja (de pell; de metall).
Give me a (leather / metal) watchband.

Canviï-li la pila.
Change the battery.

11.19 **Foto - Òptica. Òptica, òptic.**
Optician's. Photography. Optician's, optical.

Se m'han trencat les ulleres.
I've broken my glasses.

Se m'ha trencat la muntura.
The frames are broken.

Pot arreglar-les?
Can you fix them?

Pot arreglar-la?
Can you fix it?

Necessito una muntura nova.
I need new frames.

Doni'm un estoig d'ulleres.
Let me have a glasses case.

Té ulleres de sol?
Do you have sunglasses?

Necessito vidres bifocals.
I need bifocal lenses.

Té lents toves / dures?
Do you have soft / hard contact lenses?

Necessito vidres de cinc diòptries.
I need five diopter lenses.

Ensenyi'm
Show me

un baròmetre,
a barometer,

una brúixola
a compass,

uns prismàtics / binocles,
some binoculars,

un microscopi,
a microscope,

unes lents d'augment,
a magnifying glass,

un telescopi.
a telescope.

Fotògraf. Foto.
Photographer. Photo.

Tenen laboratori fotogràfic?
Do you have a photographic laboratory?

Tenen laboratori de vídeo?
Do you have a video laboratory?

Fan fotografies d'estudi?
Do you make studio photographs?

Reparen màquines fotogràfiques?
Do you repair cameras?

Revelen fotografies en color?
Do you develop color photographs?

Fan ampliacions?
Do you make enlargements?

Necessito urgentment fotos de carnet.
I urgently need identity card photos.

On hi ha per aquí un fotomaton?
Where is there an automatic photo booth near here?

Reveli, sisplau, aquest rodet.
Develop this roll, please.

Faci dues còpies de cada foto / negatiu.
Make two copies of each photo / negative.

Quan el tindrà?
When will it be ready?

Doni'm tres rodets de
Give me three rolls of

> **pel·lícula en color,**
> colour film,

> **pel·lícula en blanc i negre,**
> black and white film,

> **pel·lícula en color per a diapositives.**
> colour slide film.

11.20 **Perfumeria; drogueria.**
Perfumery; drugstore / drysaltery.

Ensenyi'm un bon perfum.
Show me a good perfume.

Aquest és massa fort.
This one is too strong.

Volia un perfum més discret.
I'd like a more discreet perfume.

És per a una senyora gran.
It's for an older woman.

Quina colònia té?
What colognes do you have?

Aquesta és una marca d'aquí?
Is this a brand from here?

Doni'm una crema de nit per a cutis sec / gras / fi.
Give me a night cream for dry / greasy / delicate skin.

Doni'm un maquillatge compacte.
Give me a make-up kit.

11.21 **Perruqueria. Generalitats.**
Hairdresser's; Barber's. Generalities.

On hi ha aquí una bona perruqueria de senyors / senyores / nens / perruqueria unisex?
Where is there a good men's / women's / children's / unisex hairdresser's near here?

Pots recomanar-me un bon perruquer / una bona perruquera?
Can you recommend me a good barber / hairdresser?

Prop d'aquí hi ha una perruqueria excel.lent. Jo també acostumo anar-hi.
There is an excellent hairdresser's near here. I usually go there also.

Escolti'm. Sóc la senyora Jones.
Hello. This is Mrs. Jones.

Voldria demanar una hora per demà.
I would like to make an appointment for tomorrow.

Està bé. Demà a les deu del matí.
Fine. Tomorrow morning at ten o'clock.

Gràcies. Fins demà.
Thank you. See you tomorrow.

11.22 **Perruqueria masculina.**
Men's hairdresser's / barber's.

Què desitja el senyor?
What would you like, sir?

Un tallat de cabells i afaitat.
A haircut and a shave.

Renti'm els cabells.
Wash my hair.

Afaiti'm, sisplau.
Give me a shave, please.

Li tallo una mica els cabells?
Shall I cut your hair a bit?

Sí, però no molt curts, sisplau.
Yes please, but not too short.

Al davant / Al darrere pot quedar més llarg.
You can leave it longer up front / in the back.

Al darrere deixi'ls més llargs.
Leave it longer in the back.

Talli més pels costats.
Cut the sides more.

Com li pentino els cabells?
How shall I comb your hair?

Cap endarrere o al costat?
Towards the back or to the side?

Cap endarrere, sense ratlla.
Towards the back, without a part / parting.

Li poso loció?
Do you want hair lotion?

No els mulli.
Don't wet it.

Està bé, així?
Is it all right like this?

Perfecte, gràcies.
Perfect, thank you.

Què li dec?
How much do I owe you?

11.23 **Perruqueria de senyores.**
Women's hairdresser's.

Quin servei desitja, senyora?
What would you like, Madam?

Rentar i marcar, sisplau.
A wash and setting, please.

Un tallat de cabells / una permanent / una manicura.
A haircut / a permanent / a manicure.

Voldria un pentinat diferent.
I'd like a different hairstyle.

Li poso laca?
Do you want hairspray?

Podria tenyir-me els cabells?
Could you dye my hair?

Desitja el mateix color?
Would you like the same color?

Una mica més clar / fosc.
A bit lighter / darker.

Ai, l'aigua és molt calenta.
Ow!, the water is very hot.

L'aigua és massa freda.
The water is too cold.

Em piquen els ulls.
My eyes are stinging.

Depili'm les celles.
Pluck my eyebrows.

Fan depilació?
Do you do depilations?

Desitja manicura?
Would you like a manicure?

Sí, i posi esmalt també.
Yes, and paint my nails also.

Gràcies, quant li dec per tot?
Thank you, how much do I owe you for everything?

Pot recomanar-me un bon callista?
Could you recommend me a good chiropodist?

11.24 **Canvi de diner. Banc.**
      Exchanging money. Bank.

On puc canviar (diner)?
Where can I exchange money?

On hi ha per aquí un banc,   **una sucursal de banc?**
Where is there a bank,   a bank branch near here?

Com és el canvi del dòlar EUA, marc alemany, franc francès?
What's the exchange rate for the U.S.A. dollar, German mark, French franc?

Quantes lliures em donen per mil pessetes?
How many pounds do I get for a thousand pesetas?

Voldria canviar mil pessetes a dòlars.
I'd like to change a thousand pesetas into dollars.

Podria canviar-me cinc mil pessetes en lliures?
Could you change five thousand pesetas into pounds for me?

Aquest bitllet és fals.   **Passi a caixa,**
This bill / note is false.   Go ahead to the cashier's window / till,

a la finestreta número tres.
to window number three.

Podria canviar-me aquest bitllet de cinquanta dòlars?
Could you change this fifty dollars bill / note?

Doni'm bitllets petits, sisplau.
Give me small notes / bills please.

Doni'm també canvi / moneda fraccionària.
Give me loose change.

Voldria cobrar / canviar aquest xec de viatge.
I'd like to cash this traveller's check.

Voldria cobrar un xec al portador.
I'd like to cash a check to bearer.

Ha arribat diner, una transferència per a mi?
Has money, a bank transfer arrived for me?

A nom de qui?
In who's name?

El seu passaport,
Your passport,

els seus documents,
your papers

sisplau.
please.

Firmi / Signi aquí.
Sign here.

11.25 **Correus. Generalitats.**
Post office. Generalities.

On hi ha per aquí una oficina de correus?
Where is there a post office around here?

Com puc anar a la central de correus?
How do I get to the central post office?

Hi ha a la vora d'aquí una bústia?
Is there a mailbox / letter box near here?

On puc comprar
Where can I buy

segells,	**sobres,**
stamps,	envelopes,
postals,	**paper de cartes?**
postcards,	writing paper?

En pot trobar també a l'estanc.
You can also find them at the cigar store / tobacconist's.

Han recollit ja les cartes?
Have they picked up the letters yet?

Tinc correspondència? **Sí, té una carta.**
Do I have any mail? Yes, there is a letter for you.

Remeteu, sisplau, la meva correspondència a aquesta adreça.
Please send my mail to this address.

A correus. A l'oficina de correus.
At the post office.

Perdoni, on venen segells?
Excuse me, where do they sell stamps?

A la finestreta número cinc.
At window number five.

Voldria enviar
I would like to send

> **una carta certificada, un paquet,**
> a registered letter,   a parcel,
>
> **diners,**   **un telegrama,**
> money,   a telegram,
>
> **un tèlex,**
> a telex,

un telefax / fax a Barcelona.
a telefax / fax to Barcelona.

Doni'm, sisplau, un imprès per a correu certificat.
Please give me a form for registered mail.

Quant costa el franqueig a Espanya d'aquestes cartes per correu
How much is the postage to Spain for these

aeri,
airmail,

certificat,
registered,

urgent certificat?
urgent registered letters?

Posi el remitent, sisplau.
Please write the return address.

L'adreça no és exacta.
The address isn't right.

Manca el codi postal.
The zip / post code is missing.

Mireu, sisplau, si tinc cartes a la llista de correus.
Please check and see if I have letters on the mail list.

He rebut un avís d'un paquet.
I have received notice of a parcel for me.

Quin document necessito per retirar-lo / recollir-lo?
What papers do I need to pick it up?

No porto el meu passaport.
I don't have my passport with me.

Voldria enviar
I'd like to send

un telegrama
a telegram,

un tèlex a Espanya.
a telex to Spain.

Quin imprès he d'omplir?
Which form must I fill out?

Quant costa una paraula?
How much is it per word?

Quan arribarà a Nova York?
When will it reach New York?

El rebran avui?
Will they receive it today?

11.26 **Telèfon. Telefonada.**
Telephone. Telephone call.

Com puc trucar des de la meva habitació?
How do I telephone from my room?

Per comunicar entre habitacions marqui el número de l'habitació que desitja.
To call between rooms, dial the number of the desired room.

Els més importants números de telèfon (línia exterior / directa; recepció; hora exacta; informació) els trobarà a la seva habitació.
You will find the most important telephone numbers (outside / direct line; reception; the time; information) in your room.

Aquí té les guies telefòniques.
Here are the telephone directories.

On hi ha un telèfon públic / una cabina telefònica?
Where is there a public telephone / a telephone booth?

Voldria fer una telefonada a l'estranger / a Itàlia.
I'd like to telephone abroad / Italy.

Quant val un minut als Estats Units?
How much does it cost per minute to the United States?

Des de quina hora hi ha tarifa nocturna?
What time do the night rates begin?

Una telefonada amb cobrament revertit, sisplau.
A collect / reverse charge telephone call, please.

Aquest és el número de la persona amb qui vull parlar.
This is the number of the person I wish to speak to.

No contesten.
There is no answer.

Està comunicant.
It's engaged.

La línia està ocupada.
The line is engaged.

S'ha interromput la telefonada.
The call has been cut off.

Truqui-li més tard, sisplau.
Please call back later.

Anuli, sisplau, la telefonada.
Cancel the call, please.

Escolti'm.
Hello?

Digui'm.
Hello?

Ets tu, Jeff?
Is that you, Jeff?

Sí, sóc jo.
Yes, it's me.

Hi és, en Joan?
Is John there?

Perdoni, però em sembla que s'equivoca.
Excuse me, but I think you've dialed the wrong number.

No és el 234 56 78?
Isn't this 234 5678?

És la casa del senyor Smith?
Is this Mister Smith's house?

No. S'ha equivocat.
No. You've dialed the wrong number.

Ha marcat malament.
You've dialed the wrong number.

Perdoni, m'he equivocat.
Excuse me, I've dialed the wrong number.

Marqui el número 274 73 26.
Dial the number 274-7326

Gràcies.
Thank you.

Escolti'm, és la universitat?
Hello, is this the university?

L'extensió cent vint, sisplau.
Extension one hundred and twenty, please.

Esperi, sisplau.
Please wait a moment.

Voldria parlar amb el senyor Jones.
I would like to speak to Mister Jones.

De part de qui?   **D'un amic.**
Who's calling please?   A friend.

Un moment, no pengi.
Just a moment, hold the line.

Ara s'hi posa. Ara li passo.
He'll be right with you. I'll put you through to him.

Està parlant per un altre telèfon. Ha sortit del seu despatx.
He's speaking on another line.   He has left his office.

Truqui-li de nou al cap de deu minuts.
Call him back in ten minutes.

Ara no hi és. Truqui-li més tard.
He's not in right now. Call him back later.

Perdoni, amb qui parlo?
Excuse me, with whom am I speaking?

El seu nom, sisplau.
Your name, please.

Tingui la bondat de parlar
Be kind enough to speak

més alt,
louder,

més lentament.
slower.

Vol deixar-li un encàrrec?
Do you wish to leave him a message?

Se sent molt malament.
The line is very bad.

Digui-li que ha trucat un amic de Barcelona.
Tell him that a friend from Barcelona called.

A quin número pot trucar-li?
What number can he reach you at?

Truqui'm al número 321 54 76.
Call me at the number 321-5476.

Telefonades interurbanes nacionals.
National trunk calls.

Si el telèfon amb què vol parlar és del mateix estat, pot marcar el número directament.
If the number with which you which to speak is in the same State, you dial the number directly.

Si és d'un altre estat marqui primer l'indicatiu / el codi territorial.
If it is in another State, dial the area code first.

Telefonades internacionals automàtiques.
Automatic international calls.

Exemple: abonat 123 45 67 de Nova York.
Example: subscriber number 123-4567 in New York.

07 accés al servei internacional.
07 access to the international network.

(esperar el segon to)
(wait for second tone)

1 indicatiu d'EUA
dial 1, area code for U.S.A.

212 indicatiu de Nova York.
dial 212, area code for New York.

123 45 67 número de l'abonat.
123-4567 subscriber number.

12 **SALUT**. HEALTH.

21.1 **Farmàcia**. Drug store; Chemist's.

On hi ha aquí una
Where is there a

        farmàcia,
        drug store / chemist's,

farmàcia de guàrdia?
24 hour drug store / chemist's near here?

Doni'm, sisplau, una cosa contra
Please let me have something for

l'insomni,
insomnia,

el mal de cap,
a headache,

el mal de queixal,
a toothache,

la diarrea,
diarrhoea,

el refredat,
a (head) cold,

el constipat,
a (nose) cold,

nausea.
el mareig.

Doni'm algun xarop contra la tos.
Let me have a cough syrup.

Doni'm algun
Give me

somnífer,
some sleeping pills,

calmant / antineuràlgic,
a sedative,

desinfectant,
a disinfectant,

laxant,
a laxative,

antipirètic,
an antipyretic,

calmant / sedant.
a sedative.

Pot aconsellar-me una pomada
Could you recommend me an ointment

per a les cremades,
for burns,

per a les cremades de sol?
for sunburn?

Teniu preservatius,
Do you have condoms,

dentifrici?
tooth paste?

Doni'm, si us plau,
Please give me

una capsa d'aspirina amb vitamina C,
a box of aspirin with vitamin C,

un paquet de cotó,
a packet of cotton,

un rotlle de gasa,
a roll of gauze,

una ampolla / ampolleta d'aigua destil.lada,
a bottle / a small bottle of distilled water,

un tub de pomada,
a tube of ointment,

un termòmetre,
a thermometer.

Es necessita recepta per a aquest medicament.
You need a prescription for this medicine.

És un antibiòtic.
It is an antibiotic.

Pot preparar-me aquesta recepta?
Could you prepare this prescription for me?

Quan estarà llesta?
When will it be ready?

Puc esperar-la aquí?
May I wait for it here?

Cal prendre-la tres vegades al dia abans / després dels àpats.
It should be taken three times a day before / after meals.

En dejú.
On an empty stomach.

Sense mastegar.
Without chewing.

Deixar dissoldre a la boca.
Allow it to dissolve in your mouth.

Per a ús intern / extern.
For internal / external use only.

Agitar abans d'usar.
Shake before using.

Dissoldre en aigua.
Dissolve in water.

Metzina.
Poison.

12.2 **Dentista**. Dentist.

Em fan mal les dents.
My teeth hurt.

Tinc un terrible mal de queixal.
I have a terrible toothache.

He d'anar a veure un dentista.
I have to go see a dentist.

Where can I find a good dentist near here?
On trobo un dentista prop d'aquí?

Obri la boca.   **Obri-la bé.**
Open your mouth.   Open it wide.

On li fa mal, a baix / a dalt?
Where does it hurt, below / above?

Quina de les dents li fa mal?
Which tooth hurts you?

Em fa mal aquesta dent / aquest queixal.
This tooth hurts.

És molt sensible al fred.   **Li ha caigut l'empastament.**
It's very sensitive to the cold.   Its filling has fallen out.

Se li ha trencat un tros.
A piece of it has broken off.

Cal treure-la / arrencar-la / extraer-la?
Do you have to extract / pull it?

No me l'extregui!
Don't extract / pull it!

Pot empastar-la / obturar-la (provisionalment)?
Can you put in a temporary filling?

He de fer-li una radiografia.
I have to give you an X-ray.

No té res d'especial.
There's really nothing wrong with it.

No li farà mal.
This isn't going to hurt.

Li posaré una injecció anestèsica.
I'm going to give you an anesthetic injection.

S'ha trencat la meva pròtesi.
My prosthesis is broken.

On la repararan?
Where can I have it repaired?

He de tornar un altre dia?
Must I come back another day?

Només si li fara mal de nou la dent.
Only if your tooth begins to hurt again.

12.3 **Al consultori mèdic.**
At the doctor's office.

Em trobo molt malament.
I feel very bad / ill.

Es troba molt malament.
He / She feels very bad /ill.

Estic malalt / malalta.
I'm sick / ill.

La meva filla té febre.
My daughter has a fever.

Ajudi'm, sisplau, el meu marit es troba molt malament.
Please help me, my husband feels very ill / sick / bad.

Crec que té alguna cosa molt greu.
I think he has something very serious.

Cridi un metge, sisplau.
Call a doctor, please.

Hauria d'anar a veure un metge.
He / She / You should go see a doctor.

On hi ha per aquí
Where is there a

> **un consultori mèdic,**
> doctor's office,

> **hospital,**
> hospital,

lloc de primers auxilis?
first aid station near here?

Hi ha un metge a l'hotel?
Is there a doctor in the / this hotel?

A quina hora té consulta el metge?
What are the doctor's visiting hours?

Demani'm una hora per aquesta tarda.
Make an appointment for me this afternoon.

Avisi l'ambulància, sisplau.
Please call an ambulance.

Què té?
What's the problem? What's wrong?

Què li fa mal?
Where does it hurt?

Des de fa uns dies no em trobo bé.
I haven't been feeling well for a few days.

Em fa mal aquí.
It hurts here; I have a pain here.

Em fa mal el cap   **l'estómac**
My head   stomach

la gola
throat

el braç dret.
right arm hurts.

les orelles.
ears hurt.

Em fa mal aquí.
It hurts here.

Tinc una indigestió.
I have indigestion.

Em canso fàcilment.
I get tired easily.

He vomitat.
I vomited.

Tinc febre.
I have a fever.

Suo molt.
I sweat a lot.

No tinc gana.
I have no appetite.

el peu esquerre
left foot,

Em fan mal els ulls
My eyes

Tinc dolors forts.
I have very strong pains.

No puc dormir a les nits.
I can't sleep at night.

Tusso molt.
I cough a lot.

Tinc nàusees.
I feel sick.

Tinc diarrea.
I have diarrhoea.

Estic molt nerviós.
I'm very nervous.

Estic constipat.
I have a cold.

Tinc calfreds.
I'm shivering.

Em marejo.
I'm dizzy.

Tinc estrenyiment.
I'm constipated.

Estic prenyada. Espero un nen.
I'm pregnant. I'm expecting a child.

He estat molt de temps al sol.
I've been out in the sun for a long time.

M'he cremat molt.
I'm very sunburned.

És possible que tingui una insolació.
I might have sunstroke.

M'ha fet mal el menjar.
The food didn't agree with me.

He caigut.
I fell (down).

M'he donat un cop fort.
I received a strong blow.

M'he torçat el peu.
I've dislocated my foot.

Tinc por que m'hagi trencat el braç.
I'm afraid I've broken my arm.

He trepitjat un eriçó de mar.
I stepped on a sea urchin.

Té febre?
Do you have a fever?

Al matí tenia trenta-vuit coma cinc.
This morning I had a temperature of thirty-eight point five C.

Ara mateix la hi prendrem de nou.
We're going to take your temperature again now.

Posi's el termòmetre.
Put the thermometer in place.

Ara no té febre.
You don't have a fever now.

Continua tenint febre alta.
Your temperature is still high.

Li faig una visita / un reconeixement?
Shall I give you checkup?

On li fa mal?
Where does it hurt?

Tregui's la roba.
Remove your clothes.

Expiri fort.
Exhale deeply.

Respiri més profundament.
Inhale more deeply.

Tregui la llengua.
Stick out your tongue.

Tussi.
Cough.

Aguanti's la respiració.
Hold your breath.

Prou.
That's enough.

Vejam el pols.
Let's check your pulse.

Li prendré la pressió.
I'm going to check your pressure.

S'ha de fer una anàlisi
You have to have a

de sang,
blood,

d'orina.
urine analysis.

Els laboratoris són al primer pis.
The laboratories are on the first floor.

Cal fer una radiografia del seu braç.
You have to have an X-ray taken of your arm.

Des de quan no es troba bé?
How long have you been feeling ill?

Què ha menjat?
What have you eaten?

Pren algun medicament?
Are you taking any medication?

No és al·lèrgic a la penicil·lina?
Are you allergic to penicillin?

Té alguna al·lèrgia?
Do you have any allergies?

Li han posat ja l'antitetànica?
Have you been given a tetanus shot?

Ha estat vacunat abans de venir aquí?
Were you vaccinated before coming here?

Contra què?
Against what?

Fuma?
Do you smoke?

Té alguna malaltia crònica / greu?
Do you have any chronic / serious disease?

No és diabètic?
Are you diabetic?

Quan el van operar?
When were you operated on?

Des de quan porta marcapassos?
How long have you used a pacemaker?

No es preocupi. No té res de greu.
Don't worry. You don't have anything serious.

Ho sento, però té una pulmonia.
I'm sorry, but you have pneumonia.

Té una apendicitis.
You have appendicitis.

He d'hospitalitzar-lo.
I must hospitalize you.

Cal sotmetre'l a una operació.
You must be operated on.

Li posaré una injecció.
I'm going to give you an injection.

Li receptaré un medicament molt eficaç.
I'm going to prescribe you a very effective medicine.

Aquí té la recepta.
Here is the prescription.

Necessita repòs absolut.
You need a complete rest.

Ha de fer dieta.
You must go on a diet.

Ha de fer llit uns dies.
You must stay in bed for a few days.

Ha de descansar.
You have to rest.

No fumi.
Do not smoke.

No prengui begudes alcohòliques.
Do not consume alcoholic beverages.

No prengui el sol.
Do not sunbathe.

No es banyi.
Do not bathe / swim.

Torni d'aquí a
Come back in

tres dies
three days

vuit / quinze dies.
eight / fifteen days.

Té assegurança?
Are you insured?

No estic assegurat, -ada.
I'm not insured.

Tinc una assegurança de salut internacional.
I have a health insurance policy.

Em sap greu, però no puc acceptar aquesta.
I'm sorry, but I can't accept it.

Quant li dec?
How much do I owe you?

13. **ESPORT**. SPORTS.

13.1 **Esport. Generalitats.**
Sports. Generalities.

Vostè és esportista?
Are you a sportsman / sportswoman / an athlete?

Quin esport practica?
What sport does he / she play? What sport do you play?

Quin esport practiques?
What sport do you play?

Sóc boxador.
I'm a boxer.

A la meva joventut practicava l'atletisme.
When I was young I used to go in for athletics.

Quin és el seu esport favorit?
What's your favourite sport?

Quina és la seva esportista favorita?
Who is your favourite sportswoman / athlete?

Quan transmet la televisió les proves de natació?
When is the television going to broadcast the swimming events?

Han acabat ja les proves individuals?
Are the individual events over yet?

Han començat ja les competicions per equips?
Have the team competitions begun yet?

Quan comencen les finals?
When do the finals begin?

Quan acaba el partit?
When does the match / game end?

És un partit molt interessant.
It's a very interesting match / game.

En quin lloc ha quedat l'equip americà / anglès / espanyol?
What place did the American / British / Spanish team finish in?

Qui és el primer / segon / tercer?
Who was first / second / third?

Qui ha guanyat la medalla d'or?
Who won the gold medal?

Hem perdut / guanyat?   **Quin és el resultat final?**
Did we lose / win?   What's the final score?

Qui guanya?   **Qui ha guanyat?**
Who's winning?   Who won?

Quin ha estat el resultat del primer temps?
What was the score at half time?

Empat a zero.
A nil-nil draw / tie.

L'equip espanyol ha guanyat per dos a u.
The Spanish team won two - one.

Han perdut per dos a zero.
They lost two - nil.

Han empatat.
They tied.

Això és nou rècord olímpic.
That's a new Olympic record.

Ha establert un nou rècord d'Europa.
He / She has set a new European record.

Ha igualat / millorat el rècord mundial dels mil cinc-cents metres.
He / She has tied / broken the world record for one thousand five hundred meters.

Ha batut el rècord mundial.
He / She has broken the world record.

13.2 **Olimpíada.** Olympics.

Sóc membre de la delegació espanyola.
I'm a member of the Spanish team.

Sóc esportista / periodista espanyol / espanyola.
I'm a Spanish athlete / journalist.

Perdoni, on és el centre de premsa?
Excuse me, where is the press center?

On tindra lloc la conferència de premsa?
Where is the press conference going to be held?

Es poden aconseguir encara entrades
Can tickets still be obtained

per a la inauguració
for the opening

per a la clausura?
for the closing ceremonies?

Jo miraré per la televisió la cerimònia inaugural.
I'm going to watch the opening ceremony on television.

La Vila Olímpica és / queda lluny?
Is the Olympic Village far from here?

Com anar a l'Estadi Olímpic?
How does one get to the Olympic stadium?

Mostri-m'ho al mapa, sisplau.
Please point it out to me on the map.

On és el camp de tir, la piscina?
Where is the firing range, the swimming pool?

On tindran lloc les proves de piragüisme?
Where are the canoeing events going to be held?

On juga l'equip espanyol?
Where is the Spanish team playing?

Qui juga a l'equip espanyol?
Who is playing for the Spanish team?

Qui és l'entrenador de l'equip?
Who is the team's coach?

El nostre equip, la nostra selecció,
Our team

        ocupa el primer lloc.
        is in first place.

El nostre millor jugador, el nostre favorit,
Our best player, our favourite (player),

        està lesionat.
        is injured.

Està en forma.
He / She is in shape.

No està en (bona) forma.
He / She isn't in (good) shape.

13.3 Esports olímpics d'Estiu.
    Summer Olympic Games.

Tennis de taula; ping-pong
Table tennis; ping-pong

Atletisme
Athletics

Beisbol
Baseball

Lluita
Wrestling

Rem
Rowing

Hoquei sobre herba
Field hockey

Tir amb arc
Archery

Piragüisme (en aigues tranquil·les)
Canoeing (flatwater)

Ciclisme
Cycling

Handbol
Handball

Basquetbol; bàsquet
Basketball

Futbol
Football / soccer

Hípica
Equestrian

Tir (esportiu); tir olímpic
Shooting

Salt(s) de trampolí i de palanca
Springboard diving

Tennis
Tennis

Natació sincronitzada
Synchronized swimming

Boxa; pugilisme
Boxing

Pentatló modern
Pentathlon

Voleibol
Volleyball

Halterofília
Weight-lifting

Bàdminton
Badminton

Gimnàstica
Gymnastics

Natació
Swimming

Vela; esport de vela
Sailing

Esgrima
Fencing

Waterpolo
Waterpolo

Esports de demonstració
Demonstration sports

Hoquei sobre patins
Roller hockey

Pilota (basca)
(Basque) pelota

Tae-kwondo
Tae-kwondo

13.4 **Atletisme**. Athletics.

Cursa plana / llisa
Straight race

Cursa d'obstacles
Steeple chase

Cursa de tanques
Hurdle race

Cursa de relleus
Relay race

Marató
Marathon

Marxa
Walking race

Salt d'alçada
High jump

Salt amb perxa
Pole vault

Salt de llargada
Long jump

Triple salt
Hop, step and jump

Llançament de pes
Shot put

Llançament de disc
Discus throwing

Llançament de martell
Hammer throwing

Llançament de javelina
Javelin throwing

Decatló
Decathlon

Heptatló
Heptathlon

14. VOCABULARI. VOCABULARY

a (prep.)	at; in; to
a baix	down
a deshora	at an untimely moment
a l'esquerra	on/to the left
a l'estiu	in summer
a l'hivern	in winter
a la brasa	braised
a la dreta	on/to the right
a la graella/planxa	grilled
a la matinada	a dawn/daybreak
a la nit	at night
a la tarda	in the afternoon
a mitjanit	at midnight
a partir de demà	from tomorrow on
abans	before
abans-d'ahir	the day before yesterday
abonament mensual	monthly-ticket
abonament temporal	season-ticket
abric	coat; overcoat
abril	April
acampar	camp (out)
accelerador	accelerator
accelerar	accelerate
accés	access
accessori, -s	accessory, -ies
accident	accident
acer	steel
àcid, -a, -s, -es	sour
acomodador	usher
acompanyaments i salses	accompaniments and sauces
acte	act
actor	actor
actriu	actress
actualment	presently
adormir-se	soother; go numb
adreça	address
adreça incompleta	incorrect address
advocat, -essa/-ada	lawyer

aeri, aèria	air
aeroport	airport
afaitar	shave
aficionat	fan; supporter
agafar (el telèfon)	pick up (telephone)
agafar (un vehicle)	take (a vehicle)
agafar; prendre	take; get on
agost	August
agre, -a, -s	sour
agulla	needle
agulla d'estendre	clothes pin
agulla de cap	pin
ahir	yesterday
aigua	water
aigua calenta	hot water
aigua corrent	running water
aigua de colònia	Eau de Cologne
aigua destil·lada	distilled water
aigua freda	cold water
aigua mineral	mineral water
aigua tònica	tonic water
aiguardent	eau-de-vie; brandy
aire condicionat	air conditioning
així	so; like this
ajuntament	town/city hall
al centre	in the centre/middle
al comptat	in cash
al forn	baked
al mateix temps	at the same time
al matí	in the morning
al migdia	at noon
al natural	natural
al portador	to the bearer
albercoc	apricot
alberg de joventut	youth hostel
albergínia	eggplant
àlbum de fotografies	photograph album
alcohol	alcohol
alegre, -s	happy
al·lèrgia	allergy
al·lèrgic a la penicil·lina	allergic to penicillin

alguns, -es	some
aliança; anell de casament	wedding ring
alicates	pliers
all	garlic
allí; allà	there
allotjament	lodging; accomodation
allotjar-se	lodge; stay (in)
alt, -a, -s, -es	high; tall
altaveu	loudspeaker; speaker
altre, -a, -s	other, -s
alumini	alumnium
alumne, -a	pupil
amanida	salad
amanida de tomàquet	tomato salad
amanida mixta	mixed salad
amanida/còctel de marisc	seafood salad/cocktail
amarg, -a, -s, -gues	bitter
ambaixada	embassy
ambulància	ambulance
ametlla	almond
amígdala	tonsil
amigdalitis	tonsillitis
amortidor	shock absorver
ample, -a, -s	wide
ampliar	enlarge
ampolla	bottle
ampolla de vi	bottle of wine
amunt	upwards; up
anada	one-way
anàlisi d'orina	orine analysis
anàlisi de sang	blood analysis
anar a comprar	go shopping
anar a l'escola	go to school
anar a veure un metge	go to see a doctor
anar endarrerit	slow
andana	platform
ànec	duck
anell	ring
angina; inflamació	angina; throat
de gola	inflamed
anguila	eel

aniversari (del naixement)	birthday
antibiòtic	antibiotic
antic, -ga, -s, -gues	ancient; old
antigament	formerly
antiguitats; botiga d'antiguitats	antiques; antique shop
antipàtic, -a, -s, -ques	unpleasant
antipirètic	antipyretic
antitetànica	tetanus shot
anualment	yearly
anul·lar	cancel
anunciador, -a, -s, -es	announcer
anus	anus
anxova	anchovy
any	year
any passat, l' ...	last year
any que ve l' ...	next year
any, fa un ...	a year ago
aparador	window
aparcament	parking lot
apartat de correus	post-office box
apendicitis	appendicitis
aperitiu	appetizer
api	celery
aprendre	learn
aquest matí	this morning
aquí	here
ara	now
ara per ara	for now
aranja	grapefruit
àrbitre	referee
ardor d'estómac	heartburn
areng	herring
argentat, -ada, -ats, -ades	silver-plated
armari	wardrobe; closet; cupboard
arquitecte	architect
arracada, -es	earring, -s
arrebossat, -ada, -ats, -ades	covered; fried in batter
arrencada	snatch
arreu; pertot	everywhere
arribada	arrival

arribar	arrive; get to
arrissat, -ada, -ats, -ades	curly
arròs	rice
arròs amb llet	rice pudding
artèria, -es	artery, -ies
artesania popular	handicrafts
articles d'electricitat	electrical items
articles d'esport	sporting goods
articles per a la llar	domestic items
artista	artist
ascensor	elevator; lift
asma	asthma
aspirador	vacuum cleaner
aspirina	aspirin
aspirina amb vitamina C	aspirin with vitamin C
assaig	rehearsal
assegurança	insurance
assegurar	insure
assegurat, -ada, -ats, -ades	insured
assessorament d'informàtica	computer advising
assortiment de carn freda	assorted cold cuts/meat
atac de cor	heart attack
ataronjat, -ada, -ats, -ades	orange
atentament	yours
aterrar	land
aterratge	landing
atletisme	athletics
atracar	bring alongside
atrevit, -ida, -its, -ides	daring
atropellament	running over
atropellar	run over
aturar-se	stop
aturat, estar	be stopped
aula	hall; classroom
aula universitària	university hall
auriculars	headban; headphones
autobús; autocar	bus; coach
autocaravana	camper
automobilisme	motoring; driving
automobilista	motorist; driver

autopista	motorway; freeway
autorització	authorization
autoritzar	authorize
autoservei	self-service store
autovia	highway; turnpike
avall	downwards; down
avançar (un cotxe)	overtake
avançar-se	be fast
avariar-se	break down
avariat	broken down
avellana	hazelnut
avi	grandfather
àvia	granmother
aviat	soon
avinguda	avenue
bé	well
beguda	drink; beverage
beguda sense alcohol	non-alcoholic beverage
beisbol	baseball
bena	bandage
berenar	afternoon snack
betum	shoe polish
beure	drink
biatló	biatló
biblioteca	library
bibliotecari, -ària	librarian
bicarbonat sòdic	bicarbonate of soda
bicicleta	bicycle
bifurcació	fork; unction
bigoti	moustache
bilis	bile; gall
billar	billiards; pool
biplaça	two-seater
bistec	steak
bistec tàrtar	steak tartar
bitlles	bowling
bitllet	bill; note; ticket
blanc mòbil	moving target shooting
blanc, -a, -s, -ques	white
blat de moro	corn; maize

blau, -va, -s, -ves	blue
bo, -ona, -ns, -ones	good
bobsleigh	bobsleigh
boca	mouth
boda	weeding
boira	fog
bolcar	overturn
bolet	mushroom
bolígraf	pen
bomba d'aire	pump
bombeta	light bulb
bombona de gas	gas cylinder
bombons	chocolates; sweets
bonic, -a, -s, -ques	pretty
borsa	stock exchange
bossa	bag
bossa (de mà)	handbag
bossa d'escombraries	trash/garbage bag
bossa de plàstic	plastic bag
bossa de viatge	travel bag
bot pneumàtic	inflatable raft
bot salvavides	lifeboat
botes	boots
botiga	shop
botiga de modes	fashion shop
botiga de discos	record store
botiga de joguines	toy shop
botiga de mobles	furniture shop
botiga de porcellana	porcelain/chain shop
botiga lliure d'impostos	duty-free shop
botó	button
botons de puny	cufflinks
botzina; clàxon	horn
bou	ox
boxa	boxing
braç, -os	arms, -s
braça, estil de ...	breaststroke
breu; curt	brief; short
bri	linen
bridge	bridge
brillant	brilliant

brisa	breeze
bronquitis	bronchitis
bronze	bronze
bronzejador	tanning lotion
bronzejar-se	tan
brou	stock
brusa	brouse
brut, -a, -s, -es	dirty
bufanda	muffler; scarf
bufet	buffet lunch
bugaderia	laundry; laundromat
bugia	spark plug
buit, -ida, -its, -ides	empty
bullit, -ida, -its, -ides	boiled
bungalow	bungalow
bunyols	dougnuts
bústia	mailbox; letterbox
butaca	armchair; stall
butxaca	pocket
cabells	hair
cabina	cabina
cabina de comandament	cabin; cockpit
cabina telefònica	telephone boot
cable	cable
cabra	goat
cabrit	kid
caça	hunting
cacau	cacao
cactus	cactus
cada	each
cada dia	each/every day
cada hora	each/every hour
cadena	chain
cadena d'or	gold chain
cafè	coffee
cafè amb llet	white coffee
cafè descafeinat	decaffeinated coffee
cafè sol	black coffee
cafetera	coffepot
caixa	cashier's desk

caixa d'estalvis	savings bank
caixa; capsa	box
caixer automàtic	twenty-four hours cashpoint
caixer, -a	cashier
cala	cove; inlet
calamar	squid
calamarsa	hail; hailstones
calar-se	stall
calb, -a, -s, -es	bald
calçada	roadway
calçador	shoehorn
calçat	footwear
calces	knickers
calçotets	underpants
càlcul biliar	gallstone
càlcul renal	kidney
calculadora	calculator
calefacció	heating
calendari	calendar
calent, -a, -s, -es	hot
calfreds	chills
calmant	sedative
calor	heat
cama, -es	leg, -s
cambra d'aire	tube (tyre)
cambrer	waiter
cambrera	waitress; chamber maid
càmera de vídeo	video camera
càmera fotogràfica	camera
camió	truck; lorry
camisa (d'home)	shirt
camisa de dormir	nightgown
camp	field
camp de futbol	football/soccer field
càmping	camping site
campió, -ona	champion
campió, -ona olímpic, -a	Olympic champion
campió, -ona d'Europa	European champion
campió, -ona del món	world champion
campionat d'Europa	European championship
campionat mundial	world championship

camps de tir	firing ranges
càncer	cancer
canelons	canneloni
cansalada	bacon
cansat, -ada, -ats, -ades	tires
cantant	singer
cantonada	corner
canvi	exchange; change
canvi d'oli	oil change
canvi de marxes	gearshift; gear change
canviar	exchange; change
canya de cervesa	glass of draught beer
cap	head
cap a	to; towards
cap al migdia	towards noon
cap aquí	towards here
capella	chapel
capità	captain
capot; capota	hood; bonnet
car, -a, -s, -es	expensive
cara	face
caramels	toffees; sweets
caravana	line
caravana (remold)	caravan; trailer
carbassó	marrow
carburador	carburator
cargol	screw
cargol (gastr.)	snail
carn	meat
carn de bou	beef
carn de cavall	horsemeat
carn picada	ground beef
carnisseria	butcher's
carpa	carp
carrabina	compressed air riffle
carrer	street
carrer de sentit únic	one way street
carret per a l'equipatge	luggage troley
carretera	road
carrosseria	body; bodywork
carta	letter

carta certificada	registered letter
carta, escriure/enviar una ..	write/send a letter
cartellera	entertainment section
carter	mailman; postman
cartera	wallet
cartes (joc)	cards
casa	house
casament	wedding
casar-se	marry
casat, -ada	married
cascs	headphones
caseta	hut; cabin
casino	casino
cassette	cassette
cassola	pan; casserole
castany	chesnut-coloured
castell	castle
catedral	cathedral
catifa	rug
catsup	catsup
cavall	horse
caviar	caviar
ceba	onion
cedir el pas	give way
cel	sky
cella, -es	eyebrow, -s
celler	wine cellar
cementiri	cementery
cendrer	ashtray
centraleta	switchboard
centre	center
centre comercial	shopping mall
cera depilatòria	depilation wax
ceràmica	ceramics
certificat	certificate; certification
cervell	brain
cervesa	beer; ale; larger
cervesa de barril	draught beer
cervesa negra	dark beer
cerveseria	public house; bar
cérvol	deer; venison

ciclisme	cycling
cigar, -s	cigar, -s
cigarretes negres/fortes	black/strong cigarettes
cigarretes rosses	Virginia cigarettes
cigró	chickpea
cilindre	cylinder
cinema	cinema
cinema d'estrena	first-run cinema
cinema X	X-rated cinema
cinta	tape
cinta aïllant	insulating tape
cintura	waist
cinturó	belt
cinturó de seguretat	safety belt
circ	circus
cirera	cherry
ciutadella	citadel
ciutat	city; town
clar (sense núvols)	cloudless
clar, -a, -s, -es	clear
classe	class
classe preferent	business class
classe turista	tourist class
classificació	league; table
classificar-se	qualify
clau	key
clau (eina)	wrench; spanner
clau anglesa	monkey wrench
clau d'encesa	ignition key
clau de tub	tube wrench
clavell; clavellina	carnation
clínica	clinic
cloenda	closing; closure
club; club esportiu	club; sports club
coberta (mar.)	deck
coberteria	cutlery; silverware
cobrador; revisor	conductor; inspector
cobrar	earn
cobrar un xec	cash and desk
cobrellit	bedspread
còctel de gambes	prawn cocktail

còctel; combinat	cocktail; mixed drink
codi postal	zip/post code
còdol	pebble; stone
cognom	surname; last name
cogombre	cucumber
coixí	pillow
col	cabbage
col-i-flor	cauliflower
col·leccionar segells	collect stamps
col·liri	eye drops
còlic	colic
colònia	Eau de Cologne
color	colour
coll	neck
collaret	necklace
com més aviat millor	as soon as possible
com?	how?
combustible	fuel
comèdia	comedy
comerç (botiga)	store
comerciant	merchant; shopkeeper
comissió	comission
compartiment	compartment
compartiment de no fumadors	non'smoker's compartment
competició de natació	swimming competition
competició per equips	team competition
competició; prova	competition
completament	completely
complicat, -ada, -ats, -ades	complicated
compositor, -a	composer
compra	purchase; buy
comprar	buy; purchaswe
comprendre	understand
compres	purchases; shopping
compresa	compress; sanitary towel
comprimit	tablet
comprovant	receipt; voucher
comptar	count
compte	account; bill
compte corrent; obrir un ...	opening a checking account

concert	concert
concurs complet	complete competition
condimentar	season; spice
conductor	driver
conduir	drive
confitat, -ada, -ats, -ades	candied
congelador	freezer
conill	rabbit
connectar	plug in; connect
connexió	connection
consigna	check-room; left luggage office
consomé	consomé
consulat	consulate
consulta	consulting room; surgery
consulta, hores de ...	consulting hours
consultor mèdic	medical consulting room
conte	story; tale
contestar el telèfon	answer the phone
contra reemborsament	cash on delivery; C.O.D.
control de passaports	passport control
control de seguretat	security control
conyac	cognac; brandy
copa	cup
copa de gelat	cup of ice ream
copa de tres boles	three-scop cup
còpia	copy
còpia, fer una ...	make a copy
cor	hearty
corbata	tie
cordons	shoe laces
corpulent, -a , -s, -es	corpulent; stout
corrent elèctric	electrical current
correspondència	mail; post letters
correu aeri	airmail
correus	post office
correus, central de ...	central post office
cortès, -a, -os, -es	polite
cortina	curtain
cos	body
cos humà	human body

cosí, -ina, -ins, -ines	cousin, -s
costa	coast
costella de porc	pork rib/chop
cotització; tipus de canvi	exchange rate
cotó	cotton
cotó cent per cent	one hundred per cent cotton
cotxe de piles	battery-powered car
cotxe; automòbil	car; automobile
coure (n.)	copper
coure; cuinar; guisar	cook
cranc	crab
crèdit	credit
crèdit, a ...	on credit
crema	creamy soup; custard (postre)
crema bronzejadora	tanning cream
crema de legums/verdures	cream of vegetable soup
crema/escuma d'afaitar	shaving cream
cremada	burn
cremallera	zipper
cremar-se	burn
creps	crêpes
Creu Roja	Red Cross
cridar un metge	call a doctor
criquet	cricket
croissant	croissant
croquetes	croquettes
crudités	raw vegetable salad
cruïlla	intersection; junction
cua; caravana	queue
cuina	kitchen
cuiner, -a	cooker
cuit, -a, -s, -es	cooked
cuixa (de pollastre)	drumstick
culata	cylinder head
cullera	spoon
cunyada	sister-in-law
cunyat	brother-in-law
curiós, -s, -os, -es	curious
curs	course
curs de llengua	language course
cursa d'obstacles	steeplechase

cursa de puntuació	scoring races
cursa de relleus	relay race
cursa de velocitat	speed race
cursa llisa	straight race
curt, -a, -s, -es	short
curt-metratge	short film
cutis	complexion; skin
d'aquí a poc temps	shortly; soon
d'aquí a una hora	an hour from now
d'avui en vuit	in a week's time
d'hora	early
dalt	up
dany; desperfecte	damage
darrerament	lately
darrere	behind
data	date
data de naixement	date of birth
daurat	golden
davant	in front; head
de	from; of
de color	in colour
de dia	by day
de nit	at night
de seguida	at once
de tant en tant	once in a while
de vegades	sometimes
dècada	decade
decatló	decathlon
declaració de duana	customs declaration
demà	tomorrow
demà al matí	tomorrow morning
demà passat	the day after tomorrow
dent	tooth
dentadura	set of teeth
dentista; odontòleg, -a	dentist
dents	teeth
dependent	salesman
dependenta	saleswoman
depilació	depilation
derrota	defeat

derrotar	defeat; beat
des d'allí	from there
des d'aquí	from here
des d'avui	from today on
des de fa molt	for a long time
descargolar	unscrew
descens	downhill race
descompte	discount
desconnectar	disconnect; unplug
desembarcar	disembark
desembre	December
desfilada	parade
desinflar-se	deflate
desmaiar-se	faint
desmuntar	dismantle; strip
desmuntar una tenda	to take down a tent
desodorant	deodorant
després	after
destí; destinació	destination
destinatari desconegut	unknown addressee
destinatari, -ària	addressee
detalls personals	personal details
detergent	detergent
deures	homework
dia	day
dia feiner	working day
dia festiu	holiday; feast day
diabètic, -a	diabetic
diabetis	diabetes
diamant	diamond
diapositiva	slide
diàriament	daily
diarrea	diarhoe
dibuixos animats	cartoon
diccionari	dictionary
diccionari de butxaca	pocket dictionary
diccionari turístic	tourist dictionary
difícil	difficult
difícilment	with difficulty; hardly
diftèria	diphteria
digui'm; escolti'm	hello? yes?

dijous	Thursday
dilluns	Monday
dimarts	Tuesday
dimecres	Wednesday
dinamo	dynamo
dinar (n.)	lunch
dinar (v.)	to have lunch
diner	money
diner en efectiu	cash
diploma	diploma
dipòsit de gasolina	petrol/gas tank
dir	say; tell
dir-se	to be named/called
directament	directly
director d'orquestra	orchestra conductor
director, -a	director; manager
disc	record
disc compacte	compact disk
discoteca	discothèque
disenteria	dysentery
dispensari	dispensary
dissabte	Saturday
dissolvent per a les ungles	fingernail polish remover
districte	district
dit	finger
diumenge	Sunday
divendres	Friday
divertit, -ida, -its, -ides	funny
divorciar-se	divorce
divorciat, -ada, -ats, -ades	divorced
doblat	dubbed
dobles	doubles
dobles mixtos; parelles	mixed doubles
documental	documentary
dòlar EUA	U.S.A. dollar
dolç, -a, -os, -es	sweet
dolços	sweets
dolent, -a, -s, -es	bad
dolor	pain; ache
dona	woman
dona de fer feines	cleaning woman; charlady

donar-li corda	wind up
doncs	well
dos temps	two halves/periods
drama	drama
drogueria	drysaltery; drugstore
duana	customs
dutxa	shower
dutxar-se	take a shower
edat	age
edifici	building
edredó	eiderdown
educació	education
eina	tool
eix	axle
eixuga-cabells	hair dryer
eixugaparabrisa	windshield wiper
eixugar	dry
eixugar-se	dry oneself
electricista	electrician
electricitat	electricity
electrodomèstics	electric appliances
electrotren	electric train
eliminatòria	preliminary; qualify round
embarcar	embark; board
embolicar	wrap
embotit	cold cut
embragatge	cluth
embussament	traffic jam
empastament	filling tooth
empastar	to put in a filling
empat	tie; draw
empleat, -ada	employee
empresari, -ària	employer; manager
en	at; in; on
en qualsevol lloc	anywhere
en veu alta	aloud; out loud; loudly
en veu baixa	quietly; softly; in a low voice
encara no	not yet
encàrrec	message
encenedor	lighter

encenedor de gas	gas lighter
encesa	ignition
enciam	lettuce
endarrere; enrere	back; backwards
endavant	ahead; forward
endoll	plug; socket
enganxar	glue
engegar	start
enginyer, -a	engineer
enguany	this year
enlacrar	seal
enllaç; correspondència	connection train
enlloc	nowhere
enllumenat	illumination
ennuvolat	cloudy
entrada numerada	numbered ticket
entreacte	interval
entremès	side disc
entremesos	hors d'ouvres
entrenador	trainer; coach
entrenament	training; coaching
entrepà	sandwich
enviar	send; mail
enviar per correu ordinari	send by ordinary post
enviar un télex	send a telex
enviar un telegrama	send a telegram
epidèmia	epidemic
equilibrat de pneumàtics	wheel balancing
equip	team
equip d'alta fidelitat	hihg-fidelity equipment
equipatge	luggage
equipatge de mà	hand luggage
equipatge, excés d' ...	baggage excess
equipatge, facturar l' ...	check in the luggage
equipatge, recollida d' ...	baggage claim
escacs	chess
escala	estopover
escales mecàniques	escalator
escalfament	warm-up exercises
escalfar-se	heat up
escalopa	escalope

escarlatina	scarlet fever
escenari	stage
escola; col·legi	school; high school
escombra	broom
escombraries	trash; garbag
escriure	write
escuradents	tooth picks
església	church
esgrima	fencing
esgrima d'espasa	épée fencing
esgrima de floret	foil fencing
esgrima de sabre	sabre fencing
eslàlom	slalom
eslàlom en aigües vives	wild water slalom
eslàlom gegant	giant slalom
esmalt per a ungles	fingernail polish
esmorzar (n.)	breakfast
esmorzar (v.)	to have break fast
espaguetis	spaghetti
esparadrap	adhesive tape
espàrrec	asparagus
espàrrecs amb maionesa	asparagus with mayonnaise
espatlla	shoulder
especialista	specialist
especialitat	special branch; field
espècies; condiments	spices
espectacle; funció	show; perfomance
espectador	spectator
esperar un nen	be expecting a baby
espinac	spinach
esport	sport
esportista	sportsman, sportswoman
esportiu, -iva, -ius, -ives	sporty
esports de demostració	demonstration sports
esposa	wife
esquena	back
esquena, estil d' ...	backstroke
esquí acuàtic	water-skiing
esquí nòrdic/de fons	cross-country skiing
est	east

establiments comercial i serveis	commercial establishments and services
establir un rècord	set a record
estació	season (de l'any); station (de tren)
estació de servei	service station
estadi	stadium
estanc	tobacconist's
estar comunicant (telf.)	be busy
estar malalt	be sick
estar prenyada	be pregnant
estar refredat	have a cold
estat civil	marital status
estat de compte	bank statement
estàtua	statue
esteticista	beautician
estil combinat	combined medley
estil lliure	free style
estils; quatre estils	medley race
estiu	summer
estofat	meat stew
estómac	stomach
estora	mat
estrany, -a, -s, -es	strange
estrena	debut; opening
estrenyiment	constipation
estret, -a, -s, -es	narrow
estudi, -s	study, -ies
estudiant	student
estudiar	study
estudiós, -osa, -osos, -oses	studious
estufa	heater
esvelt, -a, -s, -es	slim
etiqueta	label
examen; prova	exam; test
examinar; fer un reconeixement	examine; give a check up
excel·lent	excellent
excés de velocitat	speeding
excursió	trip
excursionisme	hilking

exercicis a terra	floor exercises
exposició	exhibition
extensió	extension
extintor	fire extinguisher
extracció	extraction
extremitats	limbs
fa cinc minuts	five minutes ago
fa dues setmanes	two weeks ago
fa poc	a short time ago
fàbrica	factory
fàcil, -s	easy
fàcilment	easily
factura	bill; invoice
facturació d'equipatges	lugagge registrarion
faldilla	skirt
fallar	fail
família	family
familiar, -s	relative, -s
far	headlamp; headlight
farcit, -ida, -its, -ides	stuffed
farina	flour
farmacèutic, -a	chemist; pharmacist
farmàcia	chemist's; pharmacy; drugstore
farmaciola	first-aid kit
fava	broad bean
feble, -s	weak
febre	fever; temperature
febrer	February
feliç	happy
femella	nut
femení	feminine
fer escala	stop in
fer transbord	transfer; change
fer una foto	take a photo
fer-se mal	injure; hurt oneself
ferida	wound
ferit, -ida	injured person
ferreteria	hardware store
ferro	iron

ferrocarril	railway
fetge	liver
fibra sintètica	synthetic fiber
figa	fig
fil	linen; thread
fil ferro	wire
fila	row
filet	fillet; sirloin
fill	son
filla	daughter
fills	children
filmoteca	film library
filtre	filtre
filtre de l'aire	air filtre
filtre d'oli	oil filtre
final	final
finestra	window
fins a	until; up to
fins ara	until now
fira	fair; market
firma; signatura	signature
firmar; signar	sign
fitxa (de policia)	record
fitxa telefònica	telephone token
flam	cream caramel
flamejat	flambé
flash	flash
florista	florist
floristeria	flower shop
flors	flowers
foguera	bonfire
foie gras	foie gras
fondo; profund	deep
font	fountain
fontaner	plumber
fora de combat	knock-out; K.O.
formatge	cheese
forn de pa	bakery
forn microones	microwave oven
forner	baker
forquilla	fork

fort, -a, -s, -es	strong
fosc, -a, -os, -ques	dark
fotocòpies	photocopies
fotografia; foto	photograph; photo
fotografiar	photograph
fràgil	fragile
franc francès	French franc
franc suís	Swiss franc
franqueig	postage
franquejar	frank; stamp
fre	brake
fre de mà	hand brake
fred (n.)	cold
fred, -a, -s, -es	cold
fregit, -ida, -its, -ides	fried
frenada brusca	sudden braking
fresc, -a, -os, -ques	cool
frigorífic; nevera	refrigerator; ice-box
front	forehead
fruita del temps	fresh fruit
fruiteria; verduleria	fruit and vegetable shop
fruites	fruits
fumar	smoke
funcionari, -ària	civil servant
funda	cover; case; slip
funicular	funicular
furgoneta	van
fusell d'aire comprimit	compressed aire rifle
fusible	fuse
fuster	carpenter
futbol	football; soccer
futbol americà	American football
galetes	cookies; biscuits
galta, -es	cheek, -s
galteres	mumps
gall dindi	turkey
gallina	hen
galliner (teatre)	top gallery
gamba	prawn
gambeta	shrimp

gana, no tenir ...	have not an appetite
gandula; cadira plegable	deck/lawn chair
garantia	guarantee
garatge	garage
garrí; porcell	suckling pig
gas-oil	gas/diesel oil
gasa esterilitzada	sterilized gauze
gasolina	gasoline; petrol
gasolina normal	3-star gas/petrol
gasolina sense plom	unleaded gas/petrol
gasolina super	super gasoline/petrol
gasolinera	petrol/gas station
gastro-enteritis	gastroenteritis
gat	cat
gat (per al cotxe)	jack
gavardina	mackintosh; raincoat
gel	ice
gelat	ice cream
gelat de vainilla	vanilla ice cream
gelateria	ice cream parlour
gener	January
genoll	knee
gerd	raspberry
gerent	manager
germà	brother
germà gran	elder brother
germana	sister
germana gran	elder sister
germans	brothers and sisters
gessamí	jasmine
gimnàstica	gymnastics
gimnàstica artística	artistic gymnastics
gimnàstica rítmica	rhythmic gymnastics
ginebra	gin
gir postal	money order
girar; tombar	turn
glaçada	frost; freeze
glaçons	ice cubes
gladiol	gladiolus
gola	throat
golf	golf

goma d'enganxar	glue
goma d'esborrar	eraser
gorra	cap
gorra de bany	bathing cap
got	glass
gotes per al nas	nose drops
gotes per als ulls	eye drops
grades	bleachers; tiers
graellada de carn	barbecued meats
graellada de peix	assorted grilled fish
gramàtica	grammar
gran	big; large
gras, -assa, -assos, -asses	fat
gratinat, -ada, -ats, -ades	gratin
grau	degree
grau centígrad	centigrade
grava d'objectes	engraving of objects
greixatge	oiling
greu	grave; serious
grip	flu
gris, -a, -os, -es	grey
groc, -oga, -ocs, -ogues	yellow
grua	tow-gruck; derrick
gruixut, -uda, -uts, -udes	thick
grum	bellboy
guants	gloves
guanyador	winner
guanyar; vèncer	win
guarda-roba	checroom; cloakroom
guatlla	quail
guia	guide
guia de conversa	conversation guide
guia de ferrocarrils	train schedule
guia telefònica	telephone book
guia turístic, -a	tourist guide
gustós, -a, -os, -es	tasty
habitació	room
habitació doble	double room
habitació individual	single room
habitació interior	inner room

habitació privada	private room
halterofília	weight-lifting
handbol	handball
he de comprar	I need to buy
hemorroide	hemorrhoid
hepatitis	hepatitis
heptaló	heptathlon
hèrnia	hernia
hípica	equestrian
hivern	winter
home, -s	man, men
honest, -a, -os, -es	honest
hoquei sobre gel	ice hockey
hoquei sobre herba	field hockey
hoquei sobre patins	roller hockey
hora	hour
hora exacta	exact time
hora punta	rush hour
hortalissa, -es	garden produce
hospital	hospital
hospitalitzar	hospitalize
hostal; pensió	hostel; boarding
hostessa	stewardess
hotel	hotel
humit, -ida, -its, -ides	humid; wet
humitat	humidity
i	and
idioma; llengua	language
ien japonès	Japanese yen
igualar	equalize
impremta	printing house
imprès	from; printed form
imprès per a correu certificat	registered-mail form
impressora	printer
inauguració oficial	official opening
indigestió	indigestion
individual	individual
infecció	infection
inferioritat	inferiority

infermer	male nurse
infermera	nurse
inflamació	inflammation
inflar	inflate
inflat, -ada, -ats, -ades	swollen; distended
informàtica	computer science
injecció	injection
injecció anestèsica	anesthetic injection
injust, -a, -s, -es	unfair
insípid, -a, -s, -es	insipid; tasteless
insolació	sunstroke
insomni	insomnia
instal·lacions	installations
instal·lacions d'aigua, gas i electricitat	water, gas and electrical installations
institut de batxillerat	grammar/seconday school
instruments musicals	musical instruments
intel·ligent	intelligent
interès	interest
interès, tipus d' ...	interest rate
interessant, -s	interesting
intermitent	blinker indicator
intèrpret	interpreter
interruptor	switch
intestí cec	caecum
intoxicació	intoxication
iogurt	yogurt
IVA inclòs	VAT included
ja	already
jaqueta; americana	jacket; coat
jocs electrònics	electronic games
Jocs Olímpics	Olympic Games
joguina	toy
joia	jewel
joier, -a	jeweller
joieria	jeweller's
jove, -s	young
joventut	youth
jubilat, -ada	pensioner; retired
judo	judo

jugador	player
jugar	play
jugar a escacs	play chess
juliol	July
julivert	parsley
juny	Junes
jurat	jury; panel of judges
just, -a, -s, -es	fair
KO tècnic	technical KO
l'endemà	the day after
laboratori	laboratory
laca (per als cabells)	hairspray
làmpada	bulb; lamp
lampista	electrician
lavabo	washbasin; washroom
laxant	laxative
lent, -a, -s, -es	slow
lentament; a poc a poc	slowly
licor	liqueur
límit de velocitat	speed limit
línia	line
línia contínua	continous line
línia directa/exterior	direct/exterior line
línia nocturna	night line
líquid de frens	brake fluid
líquid de refrigeració	coolant
liquidació	clearance sale
lira italiana	Italian lire
literatura	literature
llagosta	lobster
llagostí	large prawn
llana	wool
llançament de disc	discus throwing
llançament de javelina	javelin throwing
llançament de martell	hammer throwing
llançament de pes	shot put
llanterna	flashlight
llapis	pencil
llapis de llavis	lipstick

llapis per a les celles	eyebrow pencil
llar; sagí	lard
llarg, -a, -s, -gues	long
llargmetratge	feature film
llautó	brass
llavi, -s	lip, -s
llavors	then
llebre; conill de bosc	hare
llebrers	greyhounds
llegir	read
lleig, lletja, lletjos, lletges	ugly
lleixiu	bleach
llençol	sheet
llengua	tongue
llenguado	sole fish
llentia	lentil
llest, -a, -os, -es	clever
llet	milk
llet hidratant	moisturizing milk
lleteria; granja	creamery; milk shop
lleuger, -a, -s, -es	light
llevat	yeast
llevataques	stain remover
lli	linen
llibre	book
llibre de contes infantils	children's story book
llibre de text	text book
llibreria	bookstore
llibreta d'estalvis	bank book
llima	file
llimona	lemon
llimonada	lemonade
lliri blanc	iris
llista d'espera	waiting list
llista de correus	General Delivery; Poste Restante
llista de preus	price list
llit	bed
llit addicional	supplementary bed
llit de matrimoni	double bed
llitera	bunk; berth

lliura esterlina	sterling pound
lloc de naixament	place of birth
lloc de primers auxilis	first-aid post
llogar	rent; hire out
lloguer	rent; hiring
llom	loin
llom de porc	pork loin
llonzes; costelles	cutlets
llotja; llotja presidencial	box; presidential box
lluç	hake
lluita	wrestling
lluita grecorromana	Greco-Rooman wrestling
lluita lliure	freestyle wrestling
llum	lamp
llum d'encreuament	dipped headlights
llum de carretera	highway headlights
llum de fre	braking lights
llums; enllumenat	lights; headlights
localitats de peu	standing room
loció per a l'afaitat	shaving lotion
locomotora; màquina	locomotive; engine
m'he equivocat	I've made a mistake
mà, -ns	hand, -s
macarrons	macaroni
macedònia de fruites	fruit cocktail
maco, -a	good-loking; handsome
maduixa	strawberry
magatzem; gran magatzem	department store
magnetòfon	tape-recorder
magnífic, -a, -s, -ques	magnificient
magrana	pomegranate
mai	never
maig	May
maionesa	mayonnaise
mal	hurt
mal d'orella	ear ache
mal de cap	headache
mal de cap, comprimits contra el ...	headache tablets
mal de coll	sore throat

mal de queixal	toothache
mal, fer/fer-li	have a pain; hurt
malalt	ill; sick
malaltia	disease; sickness
malaltia contagiosa	contagious disease
malaltia crònica	chronic disease
malaltia infantil	children's disease
malaltia venèria	venerea disease
malament	badly
malestar general	general malaise
maleta	suitcase
maleter	trunk; boot
mama	mummy; mum
mamella	breast
mandarina	mandarine
mandonguilles	meatballs
mandrós, -a, -os, -es	lazy
manicura	manicure
manllevar	borrow
manta	blanket
mantega	butter
manual de llengua	language manual
manyà	locksmith
mapa; plànol	map
maquillatge	face powder (pólvores)
	make-up
màquina de cosir	sewing machine
màquina de filmar	movie camera
maquineta d'afaitar elèctrica	electric shaver
marató	marathon
març	March
marc alemany	German mark
marcador	scoreboard
marcar (el cabell)	set
marcar (el número)	dial (the number)
mare	mother
mareig	nausea; dizziness
mareig (mal de mar)	seasickness
marejar-se	feel dizzy
margarina	margarine

mariner	sailor
marisc	seafood
marit	husband
marró	brown
martell	hammer
marxa	gear; speed
marxa (caminar)	walking race
marxa enrera	reverse gear
masculí, -ina; d'homes	masculine; men's
massa	too much
massapà	marzipan
massatgista	masseur, masseuse
matalàs	matress
matalàs pneumàtic/inflable	inflatable matress
matasegells	postmark
matí	morning
matinada	dawn
matinal	morning session
matrícula	license/number plate
matrícula (inscripció)	registration; enrolment
matrimoni	marriage; married couple
mecànic; mecànic de cotxes	mechanic; car mechanic
medalla d'or	gold medal
medalla de bronze	bronze medal
medalla de plata	silver medal
medallons de vedella	veal pats
medecina	medicine; remedy
mel	honey
melmelada	marmalade
meló	melon
melsa	spleen
menjador	dining room
menjar (n.)	food
menjar (v.)	eat
menstruació	menstruation
mensualment	monthly
mentrestant	meanwhile
menú	bill of fare; menu
menys	les
meravellós, -a, -os, -es	wonderful
mercat	market

merceria	haberdashert; notions store
mes	month
més	more
més tard	later
mestre, -a	teacher
mestressa de casa	housewife
metall	metal
metge, -essa; doctor, -a	doctor
metro	underground; subway
microbús	minibus
migdia	noon
migranya	migraine
mil·lenni	millennium
mina de llapis	pencil lead
minestra de verdures	mixed vegetables
minut	minute
mirall	mirror
missatge	message
mistos	matches
mitges	stockings
mitja hora	half an hour
mitja pensió	half boarding
mitjanit	midnight
mobles	furniture
mocador (de butxaca)	handckerchief
modalitat	modality
model; maniquí	model
modelisme, aeromodelisme	airplane modeling
moderat, -ada, -ats, -ades	moderate
modest, -a, -os, -es	modest
moll	dock; wharf
molt	very
molt bé	very well
molt, -a	much
moltíssim, -a	very much
moneda	coin
mongeta	bean
mongetes tendres	green beans
monoplaça	single-seater
monument	monument
moreno, -a, -s, -es	tanned

morir	die
mosso d'equipatge	porter
mostassa	mustard
motocicleta; moto	motorcycle
motociclisme	motorcycling
motocross	moto-cross
motor	engine; motor
motor d'engegada	starting motor
motora	motorboat
motorista; conductor	motorcyclist; driver
mots encreuats	crossword puzzle
motxilla	pack; knapsack
mousse de xocolata	chocolate mousse
multa	fine; ticket
muntanyisme	mountaineering
musclo; cloïssa; escopinya	clam; mussel
museu	museum
museu de cera	wax museum
músic, -a	musician
music-hall	music-hall
música	music
nacionalitat	nacionality
nas	nose
nata; crema; crema de llet	cream
natació	swimming
natació sincronitzada	synchronized swimming
natació subacuàtica	skin diving
neboda	niece
nebot	nephew
nedar	swim
nefritis	nephritis
negatiu	negative
negre, -a, -s	black
néixer	be born
nen	child; boy
nena	child; girl
nens, nenes	children
nerviós, -a, -os, -es	nervous
nét	grandson
net, -a, -s, -es	clean

néta	grandaughter
neteja	cleaning
neteja en sec; rentat en sec	dry cleaning
neteja i tint de la pell	leather cleaning and dying
néts	grandchildren
neu	snow
ni, tampoc	neither
night club	night club
nina	doll
nit	night
nivell d'instrucció	level of education
no contesten	there is no answer
no s'admeten talons ni targetes de crèdit	checks and credit cards are not accepted
noi	boy
noia	girl
nom	name
nominatiu	nominal
nord	north`
nota	grade
notari	notary
notícia	newsreel
nou (n.)	walnut
nou, -ova, -ous, -oves	new
novel·la	novel
novel·la policíaca	detective novel
novembre	November
número	number
número de telèfon	telephone number
nuvi	boyfriend
núvia	girlfriend
núvol	cloud
o	or
o sigui	that is
objectes perduts; oficina d'objectes perduts	lost and found; lost objects office
objectiu	lens
obrellaunes	can opener
obrer especialitzat	skilled worker
obridor	opener; bottle opener

obridor universal	all-purpose opener
oca	goose
oca salvatge	wild goose
octubre	October
ocupat (telèfon)	engaged
oest	west
ofegat, -ada, -ats, -ades	busy
ofici	occupatin; job
oficina de turisme	tourism office
oli	oil
oli d'oliva	olive oil
Olimpíada	Olympics
oliva	olive
olla	pot
ombra	shade
ombra d'ulls	eye shadow
omplir	fill; fill in/out
on?	where
ona	wave
oncle	uncle
oncles	aunt and uncle
onomàstica	saint's day
òpera	opera
operació	operation
operar	operate
oportunament	opportunely
òptic, -a	optician
or	gold
ordinador	computer
orella, -es	ear, -s
orfebreria, articles de ...	goldsmith articles
organitzador	organizer
orquestra	orchestra
orquídia	orchid
os, ossos	bones
osset de peluix	teddy bear
ostra	oyster
ous durs	hard-boiled eggs
ous fregits	fried eggs
ous passats per aigua	boiled eggs
ous remenats	scrambled eggs
ovella; xai	sheep

pa	bread
pa ratllat	breadcrumbs
pacient	patient
paella	pan
pagar	pay
pagar a terminis	pay in instalments
pagar en efectiu	pay in cash
pagès	farm worker
país	country
palanca del canvi de marxes	gear stick
palau	palace
palau d'esports	sports hall
palmell	palm
pansa	raisin
pantalons	pants; trousers
papa	daddy; papa
papallona, estil de ...	butterfly
paper	paper
paper (interpretació)	role
paper de cartes	writing paper
paper de fumar	smoking paper
paper fotogràfic	photographic paper
paper higiènic	toilet paper
paper pintat	wall paper
papereria	stationer's
paquet	parcel
para-sol	parasol; sunshade
para-xocs	fender; bumper
parabrisa	windscreen; windshield
paracaigudisme	parachuting
parada de taxis	taxi stop
parador	inn
parafang	mudguard; fender
paraigua	umbrella
paral·leles; barres paral.	parallel bars
parar la tenda	pitch the tent
paraula	word
parc d'atraccions	amusement park
parc; jardí públic	park
pare	father
pares	parents

parlament	parliament
parlar	speak; talk
partit	game; match
parvulari	nursery school
pas a nivell	level/railroad crossing
pas de vianants	pedestrian crossing
pas inferior	underpass
pas subterrani	subway
pas superior	overpass
passadís	corridor; passage
passaport	passport
passaport, número de	passport number
passarel·la	gangway; gangplank
passatge	passage; ticket
passatger	passenger
passeig	stroll; walk
passi	seat
pasta	pastry
pasta de dents	toothpaste
pastanaga	carrot
pastes	pastas
pastes de sopa	soup concentrate
pastes i arrossos	pastas and rices
pastes i pastissos	pastries and cakes
pastilla	pill
pastís	cake
pastís de xocolata	chocolate cake
pastisseria	pastry shop
patata, -es	potato, -es
patates fregides	potato chips/crisps
patés	patés
patí (de pedals)	paddle boat
patinar; relliscar	skid; slip
patinatge artístic	figure skating
patinatge de velocitat	speed skating
patrons de moda	fashion patterns
pavelló	pavilion
pavelló d'esports	sports pavilion
peatge	toll
pebre vermell	paprika
pebrot	green pepper

pebrot farcit	stuffed pepper
peça de recanvi	spare part
peça teatral	play
pedal	pedal
pedicura	pedicure
pedra per a l'encenedor	lighter flint
pedra preciosa	precious stone
peix	fish
peixateria	fish shop
peixos d'aigua dolça	fresh water fish
peixos d'aigua salada	salt water fish
pell	leather; skin
pelleteria	fur-shop; furrier's
pel·lícula	film; movie
pel·lícula apta	U-rated film
pel·lícula còmica	comedy film
pel·lícula d'aventures	adventure film
pel·lícula de l'oest	western
pel·lícula de lladres i serenos	cops-and-robbers film
pel·lícula en blanc i negre	black and white film
pel·lícula en color per a diapositives	film for colour slides
pel·lícula infantil	children's film
pel·lícula super vuit	super-eight film
pendent	slope; gradient
penjador	hanger
penjar	hang up
penjoll	pendant
pensió	guest house
pensió completa	full board
pentatló	pentathlon
pentinat	hairstyle
per	by
per això	that is why
per què?	why
perdre el coneixement	be unconscious
perdre el tren	miss the train
perdre; ser batut	lose; be beaten
perfum	perfume
perfumeria	perfumery

periodista	journalist
permanent	permanent
permís de circulació	driving licence
permís de conducció	driver's license
pernil	ham
pernoctar	spend the night
però	but
perquè	because
perruquer, -a	hairdresser; baber
perruqueria	hairdresser's
pesant; pesat, -ada, -ats, -ades	heavy
pesar	weigh
pesca	fishing
pescar amb canya	rod-fishing
pèsol	pea
pestanya, -es	eyelash, -es
petit, -a, -s, -es	small
peu, -s	foot, feet
picant	hot and spicy
picar	knock
picat, -ada, -ats, -ades	ground
picor	itch; stinging
pijama	pajamas
pila	battery
pilota	bal
pinta	comb
pintor	painter
pintor de parets	house painter
pintura	paint
pinya (tropical)	pineapple
piragüisme (en aigües tranquil·les)	canoeing (flatwater)
pis; planta	floor
piscina	swimming pool
pista	runway
pista d'aterratge	landing strip
pistola	gun; pistol
pistola d'aire comprimit	compressed air gun
pistola de tir ràpid	rapid-fire gun
pistola estàndar	standard pistol

pit (de pollastre)	breast (of chicken)
pit, -s	bosom, -s; chest
pizza	pizza
plaça	square
plaça (de vendre)	market place
plànol de la ciutat	city map
planta (del peu)	sole (of foot)
planta baixa; baixos	ground floor
plantilles	insoles
planxa	iron
plat fort	main course
plat, -s	dish, -es
plata	silver
plàtan	banana
plats de verdura	vegetable dishes
ple, -ena, -ens, -enes	full
ploma	quill; pen
plujós, -a, -os, -es	rainy
pluja	rain
pneumàtic	tire
pobre, -a, -s	poor
poc, -a	not much; little
poesia	poetry
poeta, poetessa	poet
policia	policeman
policia de trànsit	traffic police
policlínica	polyclinic
pòlissa	stamp
polo	polo
polsera	bracelet
pólvores de talco	talcum powder
polleria	poultry shop
poma	apple
pomada; ungüent	ointment
pont	bridge
pont aeri	air shuttle
pont de comandament	bridge
pop	octopussy
popa	stern
porc senglar	wild boar
porcellana	porcelain

port	port; harbour
porta	door
porta d'embarcament	boarding gate
portamonedes	coin purse
portar retard	be delayed
porter, -a	doorman; doorkeeper
posada	tavern; boarding house
posar una injecció	give an injection
posar-hi sal	add salt
posar-se malalt	fall ill
postres	desserts
practicar un esport	play sport
preferència	preference
prendre el sol	sunbathe
prendre-li el pols	take one's pulse
preparar-se	prepare oneself
preservatiu	prophylactic; condom
president, -a	president
préssec	peach
pressió arterial	blood pressure
pressió atmosfèrica	atmospheric pressure
prestar	load; lend
préstec	load; lend
presumit, -ida, -its, -ides	conceited
preu	price
preu únic	fixed price
prim, -a, -s, -es	thin
primavera	spring
primer socors	first-aid
proa	prow; bow
productes de neteja	cleaning products
professió	profession
professor, -a	professor; teacher
professorat	staff; teachers
programa	program
programes per a ordinadors	computer programs
promès	fiancé
promesa	fiancée
pronunciació	pronuntiation
pronunciar	pronounce
protagonista	main character

pròtesi	prosthesis
prou	enough
prova de salt	jump competition
proves de pista	track events
proves/curses en ruta	road races
pruna	prune
públic	audience; public
púding	pudding
pul·lóver; jersei	pullover; sweater
pulmó, -ns	lung, -s
pulmonia	pneumonia
punt	point
puntual	punctual; on time
punxada; rebentada	flat tire
pura llana verge	pure virgin wool
puré de patates	mashed potatoes
quadern; llibreta	notebook
quadrat	square
quan?	when?
quant, a?	how much?
quart d'hota	quarter of an hour
quatre places	four-seater
que	what
què?	what?
queixal	moolar
químic	chemist; chemical engineer
quin, -a?	which?
quiosquer	newspaper seller
radiador	radiator
ràdio	radio
raigs X	X-ray
raïm	grape
rambla	boulevard; promenade
ràpid, -a, -s, -es	fast
ràpidament	quickly
raspall	brush
raspall per a les sabates	shoe brush
raspall de dents	toothbrush
ratlla	part; parting

rave	radish
rebaixes	sales
rebre	receive
recepció	reception
recepta	receipt
reclamar	claim; demand
recollir	collect
rècord	record
records; objectes de regal	souvenirs
reducció	reduction
reduir la velocitat	slow down
reestrena	re-run
refredat	cold
refresc	soft drink
refugi	refuge
reglatge	overhaul; checking
regle	ruler
relleus	relay
rellotge	watch
rellotge de polsera	wrist-watch
rellotge de quars	quartz watch
rellotger	watchmaker; clockmaker
rellotgeria	watchmaker's
rem	rowing
remetre	remit
remitent	sender
rentadora	washing machine
rentaplats	dishwasher
rentar	wash
rentat de cabells	hairwashing
rentavaixelles, detergent	dish-washing liquid
reparació d'electrodomèstics	electrical appliance repair
reparació de calçat/paraigües	footwear/umbrella repair
reparació de rellotges	watch repair
reparacions	repairs
reparar	repair
resposteria	assorted pastries
res	nothing
reserva de plaça	seat reservation
residència	residence
resposta	answer

restaurant	restaurant
restaurant xinès	Chinese restaurant
resultat	score; result
retar	delay
retirar	collect
retocar	touch up
rètol	sign; notice
retrovisor	rearview mirror
reumatisme	rheumatism
revolt	curve; bend
ric, -a, -s, -es	rich
roba de llit	bed linen
roca	rock
roda	wheel
roda de recanvi	spare tire
rodet	roll
rodet de pel·lícula	roll of film
rodó, -ona, -ons, -ones	round
rom	rum
ronda	ring road
ros, -ossa, -ossos, -osses	blond
rosa (adj.)	pink
rosa (n.)	rose
rostbif	roastbeef
rostit	barbecued meat
rostre	face
rotllos de carn	meat rolls
rubèola	German measles
rugby	rugby
rumb	course; direction
s'ha equivocat de número	you've dialed the wrong number
sa, sana, sans, sanes	healthy
sabateria	shoe store
sabates	shoes
sabates de tela; espardenyes	canvas shoes
sabatilles esportives	sports shoes
sabates, un parell de ...	a pair of shoes
sabatilles de bany	bathing slippers
sabó	soap

sac de dormir	sleeping bag
sacsejar	shake
safata	tray
safata de formatges	assorted cheeses
sagnar; estar sagnant	bleed; be bleeding
sal	salt
sala d'art	art gallery
sala de ball	dance hall
sala de festes	reception hall
sala de lectura	reeding room
salat, -ada, -ats, -ades	salty
saler	salt shaker
salmó	salmon
saló	lounge
saló de bellesa	beauty parlour
saló recreatiu	recreational parlour
salsa de tomàquet	tomato sauce
salsitxa	sausage
salsitxa de Frankfurt	frankfurter
salt amb perxa	pole vault
salt de cavall	long horse vault
salt de llargada	long jump
saltat, -ada, -ats, -ades	salted
salts de trampolí i palanca	springboard diving
salut	health
salvavides	life buoy; life belt
samarreta	t-shirt
sanatori	sanatorium
sandàlies	sandals
sang	blood
sang, prendre ...	take blood
sang, tipus de ...	blood type
sastre	taylor
sastreria	taylor's shop
scooter	scooter
sec, -a , -s, -es	dry
secretari	secretary
seda	silk
segell	stamp
segells, venda de ...	stamp sales
segle	century

segon	second
seguir cursos	take classes
seient	seat
selecció	selection
semàfor	traffic light
semestre	semestre
sèmola	semolina
sense	without
sentir nàusees	feel nauseated
senyal de circulació	traffic signal
senyor	man; Mr.; Sir
senyora	lady; Mrs.
senyoreta	young lady; Miss
senzill, -a, -s, -es	simple
separat, -ada, -ats, -ades	separated
servei inclòs	service charge included
sessió	session; showing
sessió contínua	continous session
sessió de matinada	late night session
setembre	September
setmana	week
setmana passada, la ...	last week
setmana que ve, la ...	next week
setmanalment	weekly
setril	oil bottle
sí	yes
SIDA	AIDS
simpàtic, -a, -s, -ques	nice
símptoma	sympton
sincerament	sincerely
síndria	watermelon
sinó	but
sípia	cuttlefish
ski	skiing
sobre	above; on
sobre (n.)	envelope
soda	soda water
sogra	mother-in-law
sogre	father-in-law
sogres	parents-in-law
sola (de sabata)	sole (of shoe)

soldat	soldier
solter	bachelor
solter, -a	single
soltera	singlewoman
somnífer	sleeping pill
sopa de peix	fish soup
sopa de tomàquet	tomato soup
sopa de verdures	vegetable soup
sopar (n.)	dinner
sopar (v.)	have dinner; supper
sorra	sand
sortida	departure
sortir	depart
sostenidors	brassière
sota	below
sovint	often
suar; transpirar	sweat
suau	mild
subtitulat	subtitled
suc de llimona	lemon juice
suc de poma	apple juice
suc de taronja	orange juice
sucre	sugar
sucrera	sugar bowl
sud	south
supermercat	supermarket
suplement	supplement
supositori	suppository
suturar	suture; stich up
tabac	tobacco
tabac de pipa	pipe tobacco
taca	stain
tae-kwondo	tae-kwondo
taló	heel
talonari	checking/current account
tall de pastís	piece of cake
tall; ferida	cut
tallar	cut
taller de reparació d'auto-mòbils	auto/car repair shop

taller de reparacions	repair shop
també	also; too
tampó	tampon
tant, -a ... com	as much ... as
tapat	overcast
tapisser, -a	upholsterer
taquilla	box office; ticket office
taquiller, -a	ticket/booking clerk
tard	late
tarda	afternoon
tardor	autumn
targeta	card
targeta d'embarcament	boarding pass
targeta de crèdit	credit card
targeta postal	postcard
tarifa	fare; tariff; rate; fee
tarifa nocturna	night rate
taronja	orange
taronjada	orangeade
tastar	taste
taula	table
taulell	counter
tauleta de nit	night table
taverna	tavern
taxi	taxi
taxista	taxi driver
te	tea
teatre	theatre
teatre a l'aire lliure	open-air theatre
teatre de l'òpera	opera theatre
tècnic	technician
telefax	telefax
telefèric	telfer; telpher
telèfon	telephone; phone
telèfon públic	public telephone
telefonada interurbana	trunk call
telefonada a llarga distància	long distance call
telefonada amb cobrament revertit	collect call; reverse charge call
telefonar	call; phone
telegrafiar	telegraph

telegràficament	by telegraph
telegrama de felicitació	congratulatory telegram
telegrames per telèfon	telegrams by telephone
televisió	television; TV
tèlex	telex
temperatura	temperature
temperatura màxima/mínima	maximum/minimum temperature
tempesta	storm
tenda de campanya	tent
tenir mal d'estómac	have a stomach ache
tenir molta set	be thirsty
tenir una indigestió	suffer an indigestion
tennis	tennis
tenyir	dye
terminal	terminal
termòmetre	termometre
terra	floor
terrassa	terrace
terrible	terrible
texans	jeans
tia	aunt
tibar	tauten
timbre	bell
tímid, -a, -s, -es	shy
tint de cabells	hair dying
tinta	ink
tintoreria	dry cleaner's
tir amb arc	archery
tirar una carta	post/mail a letter
tireta	plaster
tisores	scissors
tocadiscos	turntable
tocar un instrument	play an instrument
tomàquet	tomato
tonyina	tuna fish
tòrcer; dislocar	dislocate
tornada	return journey
tornado	tornado
tornavís	screwdriver
torneig internacional	international tournement

toro	bull
torrada	toast
torradora de pa	bread toaster
tos	cough
tos ferina	whooping cough
tossir	cough
tot recte	straigh ahead
tot, tota, tots, totes	all
total	total
tou, tova, tous, toves	soft; flabby
tovalles	tablecloth
tovalló	napkin
tovallola	towel
tractor	tractor
traduir	translate
tragèdia	tragedy
tramesa	shipment; parcel
tramvia	streetcar; tram
tranquil, -il·la, -ils, -il·les	calm
tranquil·lament	calmly
transferència	transfer
transfusió de sang	blood transfusion
transport públic	public transport
travessia	voyage; crossing
treball	work
treballador	worker
treballar	work
tren	train
tren de llarg trajecte	long distance train
tren de mercaderies	freight train
tren de rodalies	commuter train
tren directe	through train
tren exprés	express train
tren ràpid	fast train
tren semidirecte	semi-direct train
trencar	break
trencar-se el braç/la cama	break one's arm/leg
treure diners	withdraw
treure; arrencar	remove; pull out
trimestre	trimestre
tripes	tripes

triple salt	hop, step and jump
tripulació	crew
trist, -a, -os, -es	sad
trobar-se malament	feel bad/sick
trofeu	trophy
trucada	phone call
trucada automàtica	automatic call
truita (de riu)	trout
truita a la francesa	French omelette
tub d'escapament	exhaust pipe
tuberculosi	tuberculosis
tulipa	tulip
úlcera gàstrica	gastric ulcer
ulleres de sol	sunglasses
un parell de ...	a couple of; a pair of
una altra vegada	once again
una vegada; un cop	once
ungla	nail
universitari, -ària	university student
universitat	university
universitat, anar a la ...	go to the college
uns, unes	a few
urbanització	housing development
urgències	emergency ward
urgent	urgent
urgent certificat	registered special
vacunar	vaccinate
vagó de primera classe	first-class car
vagó de segona classe	second-class car
vagó per a fumadors	smoker's compartment
vagó restaurant	retaurant car
vagó-bar	bar car
vagó-llitera	bunk car
vaixell	ship; boat
valor	value
vàlvula	valve
variable	variable
varicel·la	chicken pox
vedella	calf; veal

vehicle	vehicle
veí	neighbour
vela (esport)	sailing
velocímetre	speedometre
velocitat	speed
velòdrom	velodrrome; cycle track
vell, -a, -s, -es	old
vena, -es	vein, -s
venda	sale; sales
venda anticipada de bitllets	advance ticket sales
vendre	sell
vent	wind
ventall	fan
ventre	abdomen; womb
verd, -a, -s, -es	green
verdura	vegetable, -s
verí	poison
vermell, -a, -s, -es	red
versió original	original version
vesprada	dusk
vespre; nit	evening
vestíbul	vestibule; lobby
vestidor	changing room
vestit	suit
vestit (de senyora)	dress
vestit de bany	bathing suit
vi	wine
vi blanc	white wine
vi de la casa	house wine
vi dolç	sweet wine
vi negre	red wine
vi rosat	rosé wine
vi sec	dry wine
via	railway line
vianant	pedestrian
viatge de negocis	business trip
viatger	traveller; passenger
viatjar	travel
viatjar en tren	travel by train
vice-director	sub-director
victòria	victory

vida	life
vídeo	video
vidres i marcs	frames and glasses
vidu	widower
vídua	widow
Vila Olímpica	Olympic Village
vinagre	vinegar
violeta	violet
virar	tack
visat	visa
vitamina	vitamine
viu, viva, vius, vives	(a)live
viure	live
vol	flight
vol directe	direct flight
vol internacional	international flight
vol nacional/interior	domestic flight
vol regular	scheduled flight
vol sense motor; planatge	gliding
vol xàrter	charter flight
volant	steering wheel
volar	fly
voleibol	volleyball
voltatge	voltage
volum	volume
vomitar	vomit
vora	shore; bank
vorera	sidewalk
wàter	lavatory
waterpolo	waterpolo
whisky	whisky
windsurf	windsurf
xàfec	squall; downpour
xafogor	heavy/sultry weather
xai	mutton
xampinyó	mushroom
xampú	shapoo
xarampió	measles
xarcuteria	delicatessen

xarop	syrup
xarop de la tos	cough syrup
xec de viatge	traveller's check
xec	check; cheque
xiclet	chewing-gum
ximple	foolish
xinxeta	tack
xoc	crash; smash
xocar	collide; run into
xocolata	chocolate
xocolata amb ametlles/ avellanes	chocolate with almonds/ hazelnuts
xocolata, una rajola de ...	a bar of chocolate
xofer	driver; chauffeur
zoològic	zoo

15. INDEX TEMÀTIC ALFABÈTIC

248